『安邦武将』系列

JUESHI QICAI
SUNBIN

绝世奇才 孙 膑

姜正成／编著

郑州大学出版社

郑州

图书在版编目（CIP）数据

绝世奇才——孙膑 / 姜正成编著 . —郑州：郑州
大学出版社，2018.1
　（安邦武将）
　ISBN 978-7-5645-4315-0

　Ⅰ . ①绝… Ⅱ . ①姜… Ⅲ . ①孙膑 – 传记 Ⅳ . ① K825.2

中国版本图书馆 CIP 数据核字（2017）第 096790 号

郑州大学出版社出版发行
郑州市大学路 40 号　　　　　　邮政编码：450052
出版人：张功员　　　　　　　　发行部电话：0371-66658405
全国新华书店经销
虎彩印艺股份有限公司印制
开本：710 mm×1 000 mm　1/16
印张：15
字数：201 千字
版次：2018 年 1 月第 1 版　　　印次：2018 年 1 月第 1 次印刷

书号：ISBN 978-7-5645-4315-0　定价：43.80 元
本书如有印装质量问题，请向本社调换

前　言

　　孙膑是我国战国时期一位身残志坚的著名军事家。他是"兵圣"孙武的后代，因在魏国受奸人所害，受了"膑"刑，被剔掉膝盖骨，造成了终生残废，所以被人们称为孙膑。后来孙膑逃回齐国，担任齐国的军师。在齐、魏争雄的过程中，他指挥齐军取得桂陵之战、马陵之战两次大捷，使齐国成为强国。他在作战中运用避实击虚、攻其必救的原则，创造了著名的围魏救赵战法，为古往今来兵家所效法。

　　在救韩破魏之后，孙膑没有接受齐王的封赏，而是急流勇退，隐居山林，埋头著述，写出了军事著作《孙膑兵法》，总结了战国前期和中期的战争经验，继承和发展了《孙子兵法》的军事思想，具有鲜明的时代特色，给后世留下了宝贵的军事理论遗产。

　　在中国军事史上，孙膑与孙武被后人并称为"孙子"。汉代的大史学家司马迁在《史记·孙子吴起列传》中说："孙武既死，后百余岁有孙膑。膑生阿、鄄之间，膑亦孙武之后世子孙也。"毫无疑问，孙膑是"兵圣"孙武的后代，出生于齐国的阿、鄄一带。学者们认为，他的主要生活年代在公元前380年到公元前320年之间，大体在吴起之后，与商鞅、孟子同时期。

　　孙膑生活在风云激荡、除旧布新、造就英雄的时代，生长于兵学王国齐国，又出生于一个声名显赫的兵学世家，有着代代相传的"家学"。所谓"家学"，就是家族内代代相传的专门学问。古代教育不发达，知识的传播途径很少，主要方式只能是"子承父业"。孙家的家学就是兵学。

根据历史记载，孙膑的先祖是上古帝舜。周武王灭商，封帝舜的后代于陈。公元前672年，陈国发生内乱，陈厉公的公子陈完为避祸举家东迁，定居于齐国，得到诸侯霸主齐桓公的重用，其子孙在齐国世代为官，并改姓田氏。春秋后期，陈完的后代田书伐莒有功，被齐景公赐姓孙氏，"兵圣"孙武即为将军田书的嫡孙。后来，孙武逃难到南方的吴国，曾受吴王阖闾的重用，参与制定"疲楚误楚"的战略，在指挥吴军大破楚国后归隐山林。不久，吴国为越国所灭，孙武的子孙中，一部分人又返回齐国。这其中就有孙膑的先人。

孙膑就生活在这样一个家学渊源的"兵学世家"。他的祖先陈完、田书、孙武均是齐国历史上声名显赫的人物。少年时代的孙膑生活孤苦。因为社会动荡不安，孙家颠沛流离，几经迁徙，所谓的"名门大族"也徒有虚名。到了孙膑出生时，孙家再也不是什么大贵族，在政治上也没什么势力，只能僻居边境一带。司马迁说其"生阿、鄄之间"，已经透露出这一信息。阿，即今山东阳谷东北的阿城镇，是当时齐国边防要地；鄄，在今山东鄄城北，也是古代著名的军事重镇。当时没有黄河相隔，是连成一片的齐国西南边境地区，属于落后的乡野之地。战国初年的齐国国力不强，一度沦为周边各诸侯欺负的对象，如魏、赵、韩、燕等国就常常进攻齐国。孙膑的家乡处于边境前线，他从小就饱受战乱之苦，他深刻地感受到，残酷的战争同国家的安危、人民的生活、个人的命运息息相关，也加深了他对战争问题的认识。孙膑立志继承祖业，研习兵学，像先人那样做一个纵横驰骋于疆场的大英雄，以正义战争杜绝不义战争，实现天下的和平与安宁。

孙膑的一生历经坎坷，但他没有向命运低头，没有被不幸打倒。他身残志坚，凭借坚强的意志和超人的毅力，成就了正常人难以成就的功业，成为后人效法的楷模。

第一章 背井离乡

因为社会的动荡不安，孙家颠沛流离，几经迁徙，所谓的"名门大族"也徒有虚名。到了孙膑出生时，孙家再也不是什么大贵族，只能僻居边境一带。孙膑自小饱受战乱之苦，他深深地感到，残酷的战争同国家的安危、人民的生活、个人的命运息息相关，也加深了他对战争问题的认识。

孙家落难 …………………………………………… 003

少时苦难 …………………………………………… 010

第二章 鬼谷学艺

由于受先祖的伟业和博大精深的军事理论的影响，孙膑开始定下目标。他清楚，要实现自己的理想，最为关键的还是要认真学习军事典籍，提高自身的军事理论素养。于是，他拜了当时著名的谋略家、思想家鬼谷子为师，结识了庞涓，有了后来一系列的遭遇。

相识庞涓 …………………………………………… 019

出现分歧 …………………………………………… 028

险些被赶 …………………………………………… 040

庞涓任将 …………………………………………… 049

祖传兵法 …………………………………………… 059

孙膑下山 …………………………………………… 063

第三章 误入陷阱

自古英雄多磨难，"天将降大任于斯人也，必先苦其心志，劳其筋骨，饿其体肤，空乏其身，行拂乱其所为，所以动心忍性，增益其所不能"。孙膑学成兵法，正待在战国风云时代大显身手，不料一场惨祸从天而降。

投奔庞涓 ··· 069

仙鹤老人 ··· 075

八阵憾王 ··· 078

庞涓挑拨 ··· 086

惨遭横祸 ··· 091

装疯保命 ··· 107

齐国来救 ··· 116

第四章 锋芒初露

孙膑死里逃生，终于回到了齐国，受到了齐国大将军田忌的热烈欢迎。田忌见孙膑精通兵法，十分赏识，一见如故，并将其推荐给了齐威王。听了孙膑的一番宏论，齐威王心悦诚服，如获至宝，已经将孙膑视为将才，并任其为军师，协助大将军田忌。孙膑正式登上了战国中期的历史舞台，开始大展宏图。

叙祖谈兵 ··· 125

君臣赛马 ··· 132

将相反目 ··· 144

剑指中山 ··· 152

第五章 威震四方

由于魏国攻打赵国，赵国向齐国求救，并许诺齐国若援救自己并解魏军之围，赵国愿以自己的属国中山国相赠。于是，孙膑便受命出征，解救赵国，经过桂陵之战，终于歼灭魏军。后来又有了马陵之战，孙膑充分发挥了自己的军事才能，而马陵之战也被载入了史册。

受命出征 ···································· 159

围魏救赵 ···································· 164

烽烟又起 ···································· 176

马陵之战 ···································· 183

胜利告捷 ···································· 193

第六章 流芳百世

历史上立下丰功伟绩的英雄人物，其人生归宿往往惨淡黯然。所谓"飞鸟尽，良弓藏；狡兔死，走狗烹；敌国破，谋臣亡"，几乎成为功臣们的宿命，永远挣不脱的梦魇。虽然孙膑为齐国立下了汗马功劳，威名传遍天下，但像历朝历代的功臣们一样，他在政治上并不得志。不过，这时候孙膑已经参透了人生，认为所谓功名利禄均是身外之物。孙、庞斗智的故事也在民间广为流传，孙膑成了智慧的化身。

邹忌设陷 ···································· 201

回到故乡 ···································· 208

无心回朝 ···································· 218

孙膑逝世 ···································· 222

兵书传世 ···································· 225

附 录：孙膑生平大事年表 ·············· 227

第一章

背井离乡

因为社会的动荡不安，孙家颠沛流离，几经迁徙，所谓的『名门大族』也徒有虚名。到了孙膑出生时，孙家再也不是什么大贵族，只能僻居边境一带。孙膑自小饱受战乱之苦，他深深地感到，残酷的战争同国家的安危、人民的生活、个人的命运息息相关，也加深了他对战争问题的认识。

孙家落难

春秋时代（前 770—前 476），周天子的共主地位已名存实亡。周室既衰，各诸侯国互相吞并。数百年间，列国耗尽。到战国中期，就有一百多个诸侯国被大国吞并。连年战争，加上旱涝雹洪虫瘟等灾害，百姓生灵涂炭、饿殍遍野，田园荒芜、家无男丁，更不要说过安稳日子了。

孙膑的祖先原居陈国，是陈国公子陈完的后裔。公元前 672 年，陈国发生内乱，陈完逃奔到齐国避难。齐桓公想委任他为卿，他推辞说："我能够寄居在贵国有幸得到您的恩惠就该知足了，不敢担当如此高的职务。"因此，齐桓公让他担任"工正"之职，管理手工业生产。陈完后来改姓田，叫田完。田氏在齐国发展很快，几代之后，就发展为齐国新兴势力的代表，同以国君为首的大贵族相对立。到齐景公时（前 547），田完的第五代孙田乞已是齐国宰相。田乞为增强自己的实力，与淫侈残暴的国君争民，便采取了与国君相反的办法：借给穷人粮食时用大斗，收回时用小斗，其山海所产树木鱼盐蜃蛤到市上出售，价格也同其他产地一样。于是民众像流水般归附于田氏门下，从而壮大了田氏的力量。

公元前 532 年夏，齐国发生"四姓之乱"。田氏联合鲍氏，趁执政的旧贵族栾氏、高氏在喝醉酒的时候，突然包围了他们，经过几次激战，栾氏、高氏战败。其主要人物栾施、高强两人逃往鲁国，而田氏、鲍氏取得胜利。就这样，田氏的势力一步步壮大。进入战国时期，田氏逐渐灭掉姜齐，建立了田姓的齐国。

公元前523年，在齐国攻打莒国（今山东莒县）的战争中，田完的六世孙，孙武的祖父田书立了战功。齐景公为嘉奖他，便把乐安（今山东惠民）封给他，作为他的采邑（即封邑），并赐姓孙氏。春秋时代，姓是全族的共同称号，而氏只是某一支派的称号。田书这一支既是以田为姓，而又以孙为姓的。

孙膑的先祖孙武出生在其祖父的封地乐安（今山东惠民）。公元前515年，齐国高氏联合栾、鲍两家对付田氏，孙武的父亲孙凭（齐卿大夫）参与其中，害怕失败后受到株连，便带着一家人逃到了吴国。孙武和妻子也一同来到吴国，隐居在吴国都城姑苏（今苏州）附近一个山村里。孙武一面种地，一面潜心研究兵法，等待时机。

公元前515年，吴国的公子光谋杀了吴王僚，自立为王，即吴王阖闾。阖闾是个具有改革思想和雄才大略的君主。在取得王位后，他和伍子胥进行了一番改革。他积极奖励农商，修明法制练兵习武，增修城池，使国力渐渐强大起来。于是，雄心勃勃的吴王阖闾为了扩大自己的势力范围，企图派军征伐南方的大国楚国，以建立霸业。正是在这个时候，孙武经伍子胥推荐，以兵法十三篇面见吴王。他惊世骇俗的议论，新颖独特的见解，引起了一心图霸的吴王的共鸣。

孙武被任命为大将之后，运用自己深邃的政治见解和卓越的军事才能，积极协助吴王发展政治、经济和军事力量，为吴国的兼并战争立下显赫战功。

公元前512年，孙武作为大将军和军师率领吴军伐楚，攻克楚国舒城（今安徽省舒城县），灭钟吾国（今江苏省宿迁），并用水攻灭徐（今安徽省宿县北符离集）。吴王阖闾想长驱入郢（今湖北省江陵），孙武劝阻，并提出"疲楚克楚"的计策。

公元前510年，楚国联合越国讨伐吴国，被孙武统兵打败。同年，攻越"伐破檇里"。

公元前508年，孙武用"伐交"谋略，策动桐国（今安徽省舒城县西南之桐城，当时为楚国附属国）背叛楚国，又使舒鸠氏（今安徽省舒城县，公元前548年楚灭其国为楚邑）诱楚师东进，用诡诈战术大败楚师于豫章（今安徽省寿县江淮间），又浩师克巢

孙武画像

（今安徽省巢县），俘楚守巢大夫公子繁。自此战役后，楚国豫章山（今大别山）以东诸邑及附庸、属国全为吴国所有。

公元前506年，吴军在孙武的直接谋划和指挥下，联合蔡（今河南省上蔡县）、唐（今湖北省唐镇）两国，"以三万破楚二十万"，与楚战于柏举（今湖北省麻城东），千里奇袭，"五战五胜而攻战楚都郢"（今湖北省江陵县，当时为楚国都城）。此即《史记》所谓"西破强楚，入郢"。这次战役是东周以来规模最大的一次战争，也是历史上"以少胜多"的一次著名战役。

公元前504年，孙武统兵再次打败楚国舟师，攻克番（今地不详），又败楚陆师于繁阳（今河南省新蔡北）。楚国害怕亡国而被迫迁都。

公元前494年，越王勾践伐吴。双方首战于夫椒（今江苏省苏州市西八十里太湖中），再战于"五湖"。孙武统兵以"诈兵"大败越军。

吴军追至浙江边，再以"奇谋"大败越师。越王勾践带五千甲士逃至会稽山上（今浙江省绍兴市境内），最后向吴军屈辱求和。

在这次战役后，孙武见吴王日益专横，生活糜烂，沉溺于酒色，不纳臣谏，便退出了历史舞台，隐遁山林。吴王阖闾之子夫差念孙武对吴霸业的功勋而赏赐孙武之子"明食采于富春"（《新唐书宰相世系表》载），享受"皇亲国戚"的地位。可是，好景不长，好日子没过几年，越王勾践就统兵伐吴，终于于公元前473年灭吴，吴王夫差自刎于姑苏山上。

至此，孙武一家可谓国破家亡，留在吴国，越国是绝不会放过他一家人的。楚国更不能去，小国不敢托，齐国不能回，茫茫山河，到哪里托身活命呢？孙武的儿孙们只好各携带妻小自寻活路。这时，孙武已去世，被儿孙们葬于太湖东岸（今江苏省苏州市）。孙武的一个曾孙孙操在吴楚交界的地方生活了一段日子后，于公元前383年，带妻小返回齐国。齐国是他孙氏的父母之邦，是他的祖国。可孙操在踏进齐国土地后仍然忧恐和疑虑。他想：当年祖父孙武是逃出齐国的，而且到了吴国后积极帮助吴王西征南杀北伐，其间除统帅吴军多次进攻楚国、讨伐越国外，还亲征过伐齐的战争。这次回齐，齐国即使不修旧怨，也绝不会欢迎，更不会看重。

因此，当孙操偕妻儿踏进齐西南边邑鄄邑（今山东省鄄城县城北）的土地时，就定下决心，不再往北走，也不再往东走，远离齐国国都临淄，就在这边远的鄄邑安家落户。距古鄄邑东南约四十里的叫冷家庄的村子住着几十户冷姓人家和葛姓人家。村庄虽然不大，但是离宋国颇有名气的商品集散城定陶只有百余里。而且，这里西面和北面扼据济河，古雍水河从村庄的东面流过汇入滔滔济河。加上气候宜人，四季分明，土地肥沃，物产丰硕，虽为齐边疆，这方百姓却也能勉强度日、安居生活。在这里，孙操一家人遇上了当地的冷姓族长，人称"冷善人"。冷善人真诚地收留他们，并主动腾出房屋供他们居住。孙操极为感动，心想，如果真的在这里安下家来，将教导儿孙们，永远不忘冷家的恩德，永远视冷家为父母。

就这样，孙操一家在冷善人家暂住下来。

一天，冷善人起了个大早，扫清院子，把院子里的柴火杂物归置整齐，正想要出柴门，就见几个冷姓乡邻拎着锄扛着铲朝村南老槐树方向而去。隔着柴篱笆，乡邻们喊他："冷善人，快去看看吧，来了个外乡的铁匠，说给咱村打家伙不要钱！"

冷善人纳闷，心想这一大早，天又这么冷，哪来的铁匠白干活不要钱？还有比他更心善的吗？怀着好奇，他出了柴门，跟着乡邻朝老槐树下走去。老槐树下已经围了一些人，只见从人圈里传过来"呼哒、呼哒"的风箱抽动声，火星不时"噼啪、噼啪"地在人们脚下身边炸响，惊得众人闪着身子。一阵火星子蹿完，人们又"哄"地围靠上去。人群忽聚忽散、忽惊忽喜，颇有点像过年节一样的喜庆。乡邻们已经好久没有这么高兴了。可一个打铁的就怎么能够让众人都围在他身边而不散呢？冷善人往里挤了挤，身边几个小伙子专心看铁匠打活，都没注意他。他轻咳了两声，身边有人注意到他，并见他脸色不太好，就赶紧喊了一句："快让道，冷善人来了！"

众人赶忙给冷善人闪开一条路。冷善人朝乡邻含笑点了点头，正要问打铁的是谁，却首先看到了那把拿在打铁人手中的刀。只见那刀刀刃锋利，刀把结实精巧，刀背平滑光泽。是把好刀！可刀是凶器，是杀人越货的工具，只有强盗才用得着它。刀在打铁人手中翻了几下身，从刀上折射过来的阳光挟着寒气逼得冷善人差点儿打了一个趔趄。他哆嗦着几步上前，抢下打铁人手中的刀说："你赶快出村，不要在这里打这杀人的东西，否则……"冷善人想说："否则，我就踢了你的炉子，赶出你十里地！"可是，话没说完，他停住了。他发现这个打铁人不是别人，却是他前几天安顿在家的外乡男人。

孙操见冷善人不喜欢他打的刀，心里当下冷了半截，但十几年颠沛流离的生活已经把他打磨得没了锐气、失了棱角。他在围裙上擦了擦黑手抱拳施礼道："冷大哥，小弟我冒昧借这把刀向乡亲们展示我的手艺，并不是要卖给谁。另外，我还要向乡亲们露一手我打锄头铸锄犁的本领。"没等他把话说完，他已从冷善人手中要回宝刀并迅速插进火中。围观的乡邻们唏嘘不止，为宝刀的命运叹息。冷善人还没明白孙操的意图，就听风箱急速"呼哒"起来，随后，孙操从火中抽出那把刀放在一块铁墩上用锤子敲打起来。不一会，那把刀就被他打造成了一把锄犁。

冷善人感觉刚才那把刀还在自己眼中呐，可看到的却是一把铁锄犁，不禁又惊又喜。他靠近铁墩仔细看那把锄犁，口中不住地说："果然好手艺，果然好手艺啊！"

乡邻也纷纷夸赞孙操，有几个人递上旧铲锈斧请孙操打造。冷善人想起刚才自己对孙操的误会和粗暴态度，不由觉得脸红。他抬起头看孙操，发现这个外乡来的铁匠满脸是汗，正殷切地等待他发话。

冷善人冲众人挥挥手，乡邻们安静了下来。冷善人说："老少爷们儿，今天大家伙儿都看见了，手艺怎么样我就不多说了。大家伙儿前村后庄地给张扬一下，赶集呀，看丈人呀，只要出了庄就喊一声外村人，说咱村来了好铁匠。有一半老少爷们儿出门时照应着，我兄弟就不愁吃不上饭、养不起老婆孩子了！"

乡邻们听冷善人称铁匠"兄弟"，都知道这个外乡来的铁匠是冷善人的客人。因此，众人因他的手艺而敬他，更为他是冷善人请进家的"兄弟"而仰慕他。人们应着冷善人的要求，纷纷向铁匠问长问短、嘘寒问暖。孙操真有种回到家的感觉。

冷善人打断了众人的纷扰，问孙操："兄弟，光顾说话了，还没问你姓什么，叫什么？"

孙操收住了微笑。面对如此朴实善良的乡亲，他能够欺骗他们吗？他能隐瞒自己的真实姓名吗？可是，万一有多事之辈……宁愿让乡亲负我，我也绝不负接纳我的这方乡亲！打定主意后，孙操冲众人拱手行礼说道："各位乡亲，我姓孙名操，因吴被越灭后，在吴国生活艰难，因此带全家回齐国老家。前些日子路过村里，冷大哥见我一家人

绝世奇才 孙膑

饥寒难挨，因此请进他家给吃给住。今天，乡亲们又是这样厚待于我，肯接纳我一个外乡流浪之人，这是我孙操的福分，是我一家人的福分。我孙操别的本事没有，给乡亲们打把菜刀，造把锄头铲子还是能行的。请冷大哥，乡亲们受我一拜!"说罢，双膝跪地，双手伏地，头触地面，给冷善人和村里的乡亲们施了一个大礼。

冷善人及乡亲们慌忙将孙操扶起，各自又向孙操表达他们最质朴的心意，孙操感动得几乎掉下泪来。

打这一日起，孙操的家就算安定了下来。白天，孙操挑着担子游走四乡，为人打造工具、农具，挣点粮食和碎银子。孙操的妻子刘氏是吴国人，人长得漂亮且贤惠豁达。她手脚勤快、干活利索，颇受村里妇女们的好评，与冷善人的媳妇冷嫂关系处得也很和睦。两个儿子早已经和冷家的孩子交上朋友，冷家的一条瘦狗黑花更是与他俩形影不离。孙操每天早出晚归，回家早时抽空教两个儿子认字识理。有时一天能挣小半口袋粮食，孙操就让刘氏送一部分到冷善人屋里去。冷嫂不肯要，刘氏把粮食倒进冷善人家缸里就走，搞得冷嫂束手无策，不得不收下。

两家人和和气气地生活着，虽然都不富裕，但互相接济、情同手足，如一家人一般生活着。

孙

膑

 少时苦难

孙操一家在冷家庄生活了一段时间后，刘氏生下了一个儿子，他就是孙膑。

"孙膑"这个名字是太史公司马迁（约前154—前90）在他的《史记》中创造的，《史记·太史公自序》中写道："孙子膑脚，而论兵法。"后人便把这个膑了脚的"齐孙子"叫作孙膑。这个"孙膑"真实的名字叫什么谁也不知道，更无处可考。1991年，经过山东省菏泽地区社会科学联合会，以及许许多多热爱孙膑、崇敬孙膑的人们的多方调查、寻找，再加上全国许多著名史学家、考古学家的论证，终于找到了孙膑的出生地——今山东省菏泽市鄄城县红船乡孙老家村（即冷家庄），并且在一位孙氏老人手中发现一部清朝顺治十年（1653）修撰的《孙氏族谱》和一部清光绪年间（1883）修撰的《孙氏族谱》。两部《族谱》上均记载："……我始祖膑号伯灵者……"

原来孙膑号伯灵。

孙伯灵的降生给孙操一家带来无比的幸福和无限的生机。伯灵半岁时就会叫"爹、娘"了，这使孙操夫妻更加疼爱这个老三。伯灵不满周岁，便学会了走路。虽然时不时地被一块很小的石子或一道很矮的土坎绊倒，但他从不哭闹，自己爬起来又继续跑。刚学会走路那几个月里，他脚一落地就快步跑，几乎没好好走过路，慌得刘氏跟在他身后紧追不舍，生怕他摔坏了身体。

伯灵四五岁时就跟着父亲孙操学文化习武艺。他虽然远不及大哥孙江的棍棒翻飞有力，也不如二哥孙河的拳术地道，可他充满稚气的一招一式的认真劲儿，令冷家庄乡亲看了个个赞叹夸奖。尤其在学文断字上，老三伯灵的表现常常出乎夫妻俩的预料：孙伯灵的记忆和理解比两个哥哥更快更好。这不能不使孙操和刘氏振奋。尤其孙操，无论是在教伯灵识字学文还是练习武艺时，常常深深地望着三儿子想：莫非又要出一个孙武吗？每当想到先祖孙武，孙操就热血沸腾，心胸豁朗；每当想到眼前这个还是小孩子的伯灵也许几十年后就是又一个孙武，孙操顿觉肩上的使命沉重，生活得有滋味、有奔头。

这时候，冷家庄的乡亲们在族长冷善人带领下为孙操一家盖起了两间半土坯草房。孙操一家总算有了自己的住宅，他不再四乡出游揽活，而是在家门口支起了一个铁匠铺。刘氏期望自己的孩子们也像别人家孩子一样满街跑的理想也算实现了。

孙操这时再也不想离开冷家庄了。冷家庄人如父母一样待他一家人，他去哪里还能找到像冷善人一样善良正直的好人？他们一家人还要到哪儿去投奔如冷家庄乡亲一样亲爱可敬的乡亲？冷家庄乡亲就是他孙家的再造父母，冷家庄就是他孙操一家的故土家乡！从那以后，孙操更加热爱古鄄邑冷家庄这片土地，更加敬重冷氏族人，并再三教诲刘氏和三个孩子：孙家后代永远不可以忘记冷善人，永远尊崇冷氏族人，为冷家庄增添光彩。

可是，称心如意的安稳日子没过几年，在伯灵七岁那年秋天，天连降大雨，济河和古雍水泛滥成灾，冲毁了大片即将成熟的庄稼，冲毁了冷家庄一半以上的房屋。孙操的二儿子染上疾病，不久就夭折了。

二儿子的死使孙操夫妻如雷轰顶，如电击身。自此，孙操的铁匠铺子里的火再也没点燃过。尽管冷善人、冷嫂及乡亲们竭力劝慰，但孙操夫妻深陷在失子的痛苦中不能自拔。几月后，孙操便重病缠身、奄奄一息，临死前，他拿出一小部先祖孙武留下的兵法残简对两个儿子说："我不行了，这是你们先祖孙武写的兵法。他是吴国的大将军，统兵打了很多胜仗。他的名字会像太阳和月亮一样永远发光发亮，会像西面这条大河一样永远留名。我希望你们兄弟能像他一样也统兵打胜仗，像他一样也写兵书。"

冷善人至此才知道这个挑着铁匠炉子四乡为人打农具打刀的孙操原来就是吴国大将军孙武的曾孙。孙武虽然早就不在人世了。吴国离鄄邑也相去不近，且此时已被越国所置，但孙武的名字在齐国、卫国，以及远远近近的民间百姓中却是赫赫有名的。冷善人为自己当年收留的孙操一家竟是自己所崇敬爱戴的孙武后代而慰藉、骄傲，更为孙操失子之痛难解，病体日久不愈而伤感。

孙操满怀着对冷家庄的深情，满怀着对大儿子孙江、三儿子孙伯灵的希望离世了。

就在冷家庄掩埋了孙操后不久，孙操坟堆上的黄土还没有长出草芽的时候，刘氏竟承受不住失子亡夫的打击，抛下两个儿子也去世了。

公元前 372 年，孙伯灵约十岁那年，赵国武侯卒，其子敬侯立，公子朝谋乱，魏国帮助赵国公子朝争赵国君位，因此与赵结下怨仇。公子朝与赵国争夺卫国，赵国的军队一气夺下卫国七十三个村镇。卫国（今河南淇县、濮阳一带）东面紧依鄄邑，鄄邑以东数百里百姓纷纷逃离家乡，以避战乱之灾。就在这次战乱中，孙伯灵与唯一的亲人大哥孙江失散。记得是在往东逃的路上，在过一道山隘口时，当时隘口窄狭、人群拥挤，众人争相而过却阻塞了溢口，牲口、小车、大筐、小包，人喊马叫，乱成一团。孙伯灵被夹裹在人群中与大哥松了手。等过了隘口，就再也没看见大哥。他喊哑了嗓子，揉红了双眼，在隘口守了两天两夜，却再也没等到大哥孙江，再也没有够着大哥那只被人挤开的手。他永远也不会忘记，大哥与他被人挤散时，大哥呼喊他的名字，大哥拼命喊他"伯灵！伯灵！"大哥的手最后消失在人群中时还高高举着、举着。

赵国的军队退去后，孙伯灵随着返乡的乡亲们又回到了冷家庄。

站在空无一人的孙家院内，看着塌了一间半屋的家，想到几乎是在一夜之间，相继离开二哥、失去父亲和母亲，又与唯一可依靠的大哥失散，孙伯灵只有十岁的身体瑟瑟发抖。今后怎么办？依靠谁人过日子？孙伯灵走到那仅剩的半间屋前，抚摸那曾经留下过父亲、母亲、大哥、二哥体温的土墙，喊着爹和娘，喊着大哥，二哥，止不住的泪水如雨如注。

这时，一只大手抚在他肩上。

孙伯灵泪眼婆娑转回身看时，见村里的孤寡老人七婆婆拄着拐立在他身后。七婆婆拉起伯灵的小手，什么也没说就往院外面走。伯灵聪慧的心里一下子就明白了：七婆婆要养活他。他挣脱七婆婆的手，立在七婆婆身后。七婆婆年老了，行动不便。还没等七婆婆转过身，孙伯灵便跪倒在地上，一头磕向地面，并"哇"的一声哭了。

从此，七婆婆和孙伯灵相依为命。冷善人和村里乡亲经常看望帮助孤儿老母，并隔三岔五送点粮食瓜菜，老少俩勉强维持着生活。为了挣点粮食，伯灵开始为村里一户乡亲放牛。将牛往有鲜草的坡地上一牵，牛便自己去寻找可口的嫩草啃吃起来，伯灵则捧出父亲留下的先祖的兵书残简一字一句地诵读研究起来。不认识的字，他去问冷善人，或问过路人。不懂的句子更是虚心向庄里庄外的老人请教。和其他孩子们一起放牛时，他也不忘研究兵书、演习阵法。两拨孩子玩打仗的游戏，他当统帅的这一方总能在他精心策划下战胜对方而取得胜利。久而久之，远近村庄的乡亲们都知道冷家庄里有一个姓孙的十余岁的孩子能说兵法、懂打仗，孩子们对他更加崇拜至极，纷纷投他麾下充当士兵。他常常率领着这群孩子玩得忘了牛群，忘了回家，忘了吃饭。

孙伯灵十余岁时，赵国攻打卫国又打到鄄邑，在这次战乱中，孙伯灵失去了冷善人。冷善人年老体弱，没有跟随年轻人离开家乡。等冷嫂及家人返回家乡后，看见冷善人跪在炕沿前，胸口插着一柄长缨枪。

背井离乡

孙伯灵没有看见那柄缨枪插在冷善人的胸口，没有赶上为冷善人送殡下葬，回到村里时，冷家祖坟地里又多了许多新堆的坟墓。这些新坟中有一座就是冷善人的。孙伯灵在每一座坟前都驻足停留，默默地看了看。当冷嫂告诉他脚下这座坟就是冷善人的坟时，伯灵再也抑制不住悲痛，如哭自己亲生父母一样长跪不起，悲泣欲绝。

记得从他一记事，爹娘就告诉他，是冷善人一家收留了孙家，是冷家庄的乡亲们收留下孙家。孙家将来无论走到哪里，无论是贵是贱，无论多少代之后，都不要忘记冷善人一家，不要忘记冷家庄的众乡亲。伯灵清楚地记得冷善人和众乡亲如何给他吃给他穿，他一岁岁长大，一年年成人，是冷家庄的乡亲用汗水、用心血培育和抚养的。他怎么能忘记冷善人！怎么舍得冷善人！

战乱过后，冷家庄的乡亲们收拾家园，收拾庄稼，看望乡邻，安抚孤幼，又开始了更艰难的生活。

七婆婆在战乱中藏在废弃多年的地窖子（放菜的地窖）里，因而躲过了战争。但是，待乡亲们把她从地窖子里拉上来时，她已被吓得痴迷呆傻，分不清东西南北。战乱后不多久，七婆婆也离开了人世。

这场战乱，使孙伯灵失去靠山冷善人和亲奶奶般的七婆婆。战争的创痛使孙伯灵更加成熟，更加仇恨战争，更加渴望学到兵家学识，统兵打仗，反击侵略齐国的军队，保护家乡的百姓不受战乱的侵害。

孙伯灵回到冷善人家，和冷嫂一家共同生活。在帮冷嫂放牛的时候，他更加努力研习兵法，常常用石头代表一国军队，用树棍代表另一国军队，琢磨如何布阵，如何前进，如何撤退，何国军队在什么环境下战斗，谁施巧计打败对方，谁用智谋转败为胜。他以极大的热情，以满腔的爱和恨投入学习和钻研之中。

公元前368年，赵国进攻齐国，直打到齐国长城。与鄄邑紧紧相依的卫国趁机扩张领土，轻而易举打下鄄邑。

又过了几年，孙伯灵在冷嫂张罗下与邻村一苏氏贫家女子结婚。第二年，苏氏生下儿子孙胜。孙胜出生不久，赵国又来攻打鄄邑。鄄邑四乡百姓纷纷逃离家园，村道旁、田野里到处是死难乡亲，尸体露天而没有人掩埋。孙怕灵携妻儿一家逃难时有幸遇上苏氏娘家哥嫂。苏氏与哥嫂避近于战乱之中，抱头悲泣。伯灵被仓皇而逃、像洪水一样不能遏阻的人流裹到无法辨识的一座村寨后，把妻子和儿子安顿好，独自出了村庄。他遥望北方，那是齐国都城所在的方向。都城里，上至齐国君齐威王，下至上卿、大夫均是田氏子孙。孙氏与田氏本来就是一家人。伯灵想：此时在齐都城的王孙贵族们有谁知道他们的同族兄弟正为躲避战乱而背井离乡，连一口饭一口温水也吃不上、喝不上啊！一阵冷风袭来，孙伯灵打了个寒战。他突然想到了冷家庄，那里才是他的故乡，父母亲活着时曾多少次教诲他："今生今世别忘了冷善人，别背弃冷家庄。"想到这儿，他深情地朝西北方冷家庄的方向望去，他为正处在战乱之中的冷家庄而担忧，为离散的冷嫂一家人和冷

孙膑画像

家庄众乡亲而担忧。他们还好吗？他们都安全吗？他们能躲过这次战争危险吗？

　　孙伯灵想到众乡亲为避战乱而四散奔逃、远离家园，想到妻儿柔弱的身体却仍然逃不脱流浪的生活，想到自己一个堂堂七尺男子汉却不能保家卫国、不能保护乡亲们，想到自己竟也如兔子一样被战争撵得四处逃跑，顿时悲愤交加，羞愧无比。想起父亲临死前紧紧握着他的手说的那几句话，想起父亲不知说过多少遍的先祖孙武征战沙场、智勇善战、威名远扬的动人故事，孙伯灵感叹莫名、汗颜无比。

　　星星布满天空的时候，也正是月亮无光的时候。孙伯灵想，弱国

好比是星星，强国好比是月亮。弱国团结起来，一起对付强国，强国的光再强不是也将被弱国的光所掩埋吗？

孙伯灵摸了摸随身携带的包袱，发现先祖留下的兵书残简还在，心中舒了一口气。

孙伯灵正了正衣冠，朝着妻子和儿子所在的方向深深弯腰、长躬不起。

第二章

鬼谷学艺

由于受先祖的伟业和博大精深的军事理论的影响，孙膑开始定下目标。他清楚，要实现自己的理想，最为关键的还是要认真学习军事典籍，提高自身的军事理论素养。于是，他拜了当时著名的谋略家、思想家鬼谷子为师，结识了庞涓，有了后来一系列的遭遇。

相识庞涓

就在列国为争城夺地而战乱纷纷的时候，魏国境内中部的颍川阳城（今河南登封东南）中一处名叫鬼谷的地方，却是一片恬静、和平的景象。

鬼谷山势险峻，怪石林立，古树蔽日，挂瀑天泻。春天，这里鸟语花香，清泉叮咚；秋天这里果实累枝，猿飞鹿鸣。山深林密处，洞中居虎豹，树上栖飞禽，土穴卧游蛇，洞底藏鱼虾。四季更替，它们虽也时常以强凌弱，以大欺小，但也能够以己之长克敌之短，而生存繁衍下去，世世不息。因此，外面战事连绵、生死难卜，这方天地里的生灵却也能安然度日、和平共处。

在这方天地里，长年居住着一位老人。他龙眉皓首，面若敷朱，清癯绝俗，目光如炬。有人说他是晋平公时人，有人推算他有一百多岁。可他仍自己耕种粮菜，采集野果，冬闲时，还常下山四方游历。他从不告诉别人自己叫什么，因此，有知道鬼谷山中有一位隐世高人的人，都称他为鬼谷子。鬼谷子上通天文，下晓地理，横知诸国，纵明阴阳，是当时远近闻名的出世高人。

这天，鬼谷子交代几个学生读书写字，自己背箩筐，持砍刀下山去了。

时节虽近炎夏，然而山林阴风徐徐，凉爽怡然。鬼谷子看准山腰处一片齐腰深的灌木林可砍伐，便径直爬上山去。正砍着，忽然听见有人高声喊他，手搭凉棚朝山坡下张望，鬼谷子见一个二十岁不到的后生，身穿一蓝布长衫，发髻高束，脸上虽有几分倦意，却仍然神采焕发、英气动人。鬼谷子见他一面便知此后生是找他的。

果然，这位年轻人问："请问前辈，鬼谷子先生是住在这山里吗？"

鬼谷子收回目光，他答非所问地说："仰望高山可以看到山顶，测量深渊可以测到渊底。然而，要知道一个人心里的企图却是不容易的。"

后生一听山腰这位砍柴的长者出口不凡，心里便有几分惊喜。他上前三步又躬身施礼道："敢问前辈，您可就是鬼谷子先生？"

鬼谷子砍下一根荆棍，扔到一边，又继续往山顶爬，边爬边说："眼睛最重要的就是明亮，耳朵最重要的就是灵敏，心神最重要的就是聪明。"

年轻后生听清了砍柴人的话，不再犹豫，顾不上荆棘划破皮肤，枝杈挂烂衣衫，一步步向山上爬去。他终于爬到了老者身后，拍了拍附在长衫上的土，低头就拜："先生在上，请受徒孙孙伯灵一拜！"

鬼谷子扔下柴刀，笑呵呵地扶起年轻人。他为一早就遇到一位学生而高兴。笑了两声，他愣了一下，又问："你说你叫什么？"

后生又庄重恭敬地说："先生，晚辈叫孙伯灵。"

"孙伯灵跟孙武是本家吗？"

孙伯灵点了点头，说："孙武是我的先祖。"

鬼谷子用更加明亮的目光注视孙伯灵，看了一会儿，忽然有些伤感地说："你身上果然有武兄遗风，只不知武兄的才略是不是就真的有来人继承了！"

孙伯灵既踌躇满志又感愧莫名。他躬身道："晚辈正是继承父训，力求弘扬祖辈的才德，不辞辛苦寻找良师，渴望拜在先生足下，学习兵法，研习武艺，望先生严格教诲，传授学问，学生将没齿不忘！"

鬼谷子听罢点点头，不再理会孙伯灵，径直下山而去。

孙伯灵历经一年多寻找查访，终于走进鬼谷山中访到鬼谷子。见先生收下他这个徒孙，心里一下子踏实许多。他见先生翩然下山，自己便脱下长衫，拾起柴刀砍起柴来。

山中的天气一日三变，早晨是红日高照、清风送爽，不到中午，

鬼谷子画像

便云聚山顶，恶风侵骨。孙伯灵见天要下雨，忙收拾砍好的一堆柴棍，用藤条捆好背上肩，朝坡下走去。还没上山道，大雨便追逐着他倾盆而下，不一会儿，他浑身就被淋了个透。他连打几个喷嚏，把柴捆又往上背了背，干脆也不寻找避雨的地方了，直接朝山里走去。

山路崎岖且险峻，有的地方，紧倚山石，只能过一人，而且需要双手攀石缝才能爬上去，孙伯灵不舍柴捆，一步一步艰难地往山上爬去。当爬到一处仅能供一人空手而上的山石夹缝前时，他不得不放下柴捆，仔细观察地形，认真琢磨起来。先将柴捆举上去吧，没这么大的力量，再说，山坡有一人多高，仅他一人也够不着。等待过路人帮一把，他又怕先生在山里等他回去等得着急。因此，他决定先爬上去看看，看有无可以利用的东西助他一臂之力。于是，他手抠石缝，脚蹬石凹处，攀上坡顶。上了坡顶才知道，原来像这种道路前面还有三四处呐！孙伯灵望了望石坡下淋在风雨中的柴捆，又环顾四周，发现

有几根长藤挂满花朵垂向石坡下。他眼前一亮，从腰里抽出砍刀，走到藤前，三五下砍断藤条，正要把一端系在一棵大树下，忽见风雨里有一彪形大汉，腰挎大刀，身背包袱，冒雨正往山上爬。

孙伯灵喜出望外，冲山坡下喊道："这位大哥，可以帮我一把吗？"

进山人先是一惊，并下意识地手扶刀柄，一副常备不懈的神情，后见山腰处并无强人，只有一个瘦弱书生喊他，这才抹了把脸上的雨水，回答道："什么事？"

孙伯灵说："大哥，能不能帮我把这根藤梢系在那捆柴火上？"

进山人见相求之事甚小，于是爽快答应，并说："我帮你系上，你能告诉我一件事吗？"

孙伯灵笑了："大哥，你就是不系，问十件事我也回答你。"

进山人把藤梢系在柴捆上，直起腰问："鬼谷山就是此山吧？"

孙伯灵说："正是此山。不知大哥是否要找鬼谷子？"

进山人又一惊："你怎么知道？"

孙伯灵说："大哥有所不知，我也是来找鬼谷子的！"

进山人有所不信，问："既是寻师，为什么砍柴在此？难道拜鬼谷子学艺还要背一大捆柴荆当学费吗？"

孙伯灵笑道："当然不是。我只是顺便之劳，并不妨拜师之事。"说罢见进山人在雨中有些焦急，便急忙用力拉扯藤条。这个办法果然见效，那捆柴不一会儿便徐徐升到石咀，可由于柴捆枝极多而且参差不齐，孙伯灵拉了几下也没拉上石缝。雨水不停地浇在那个进山人身上，冷风呼呼，他禁不住地打着哆嗦，等了一会儿，仍不见柴捆拉上去，他喊道："喂，你拉不上去，干脆放下来，堵着山道我怎么上去？"

孙伯灵的手臂有些酸软，力气耗去多半，他仍不肯松手，说："大哥，你帮我把柴捆竖过来，我拉上柴捆也好拉你上来。"

下面那人将柴捆转了个方向，孙伯灵一使劲终于把那捆湿柴拉上石缝。正要空出手去拉石坡下的人，却见那汉子"噌噌"几下就攀上山来。

走到跟前，孙伯灵才看出来人神采奕奕。孙伯灵连忙施礼道："小弟伯灵，敢问大哥尊姓大名？"

来人想继续赶路，尽早拜在先生门下，于是简单地拱了拱手说："免贵姓庞名涓。请小弟谅解，我求师心切，不想在此浪费时间。请原谅。"说罢继续朝山上攀去。

孙伯灵本想借助这位进山人的力量，一步步、一阶阶地将柴捆吊上山去，可不想这位大哥并无意帮忙。因此，目送这位叫庞涓的求师人远去，孙伯灵在风雨中释然一笑，仰望又一石咀，寻找可以挂藤的树杈。

在山口与孙伯灵相遇的这位彪形汉子不是别人，正是后来任魏国大将军的庞涓。庞涓，自幼出生在官吏家中，几辈人等均为官吏，然而，数尽族中亲疏，皆无一人位居高官。因此，在战国时代这一多事之秋，他父亲、叔叔、伯伯见他自小就有聪慧灵气和豪侠胆略，便竭尽全力培养他识字习武，研法明礼。从少年时代，他便开始四方拜师学艺，走过不少名山大川，拜过许多名师高手。但是，一心想成就大事业的庞涓，在详细分析了几个强国的国情形势后，觉得自己要有所作为就必拜懂得兵法打仗的人为师。于是，经过四方寻访，终于打探到鬼谷山中鬼谷子的大名。

庞涓急匆匆攀上山，见一个山洞前有几个书生模样的人，便向他们打听鬼谷子，几个书生说他们正焦急等待鬼谷子回来。正巧，另外几个外出寻找的书生回来了，都说没找到鬼谷子。

庞涓问："先生干什么去了？"

众书生答："砍柴去了。"

庞涓吓了一跳，心里说声"坏事"，拔腿又冲进雨中，向来路跑去。可跑了不足十步，他又站住了。他问众书生："先生有多大岁数？"

一个书生说："一百多岁吧！"

鬼谷学艺

庞涓回到山洞中，庆幸自己没有贸然去认刚才路遇的那个砍柴人。他脱下衣服坐在火堆前烤着，耐心等待鬼谷子。

鬼谷子此时正盘腿坐在风雨之中，看着山林之下的新徒弟孙伯灵。

孙伯灵的一举一动均在鬼谷子的视线之内。遇暴雨而不惊，逢狭路而不躁，被人弃而不沮，此乃成就大事业的必备品德。鬼谷子在心里称赞着孙伯灵，为自己逢遇孙武后人孙伯灵而欣喜万分。

经过不懈的努力，孙伯灵终于将柴捆一步步地弄上山去，并循路背进山洞。走进洞中，见到庞涓正在烤衣服，便想上前招呼，忽然身边人冲洞外喊"先生"，孙伯灵忙回身，见风雨中款款走来鬼谷子。他这才意识到，先生扔下柴刀翩然下山其实是给他出的第一道难题，砍了柴火后如何上山是第二道难题。再看满脸微笑的老先生，孙伯灵知道，先生对他做的这两道题都非常满意。

果然，鬼谷子换了干爽衣服后即召孙伯灵和庞涓。

他对孙伯灵说："今天为师为你出了三道题，你都做得很好，我很满意。只是今后记住，坚强不怕邪恶固然重要，却不可太心善。今天那捆柴扔山下等天晴了再去取也是可以的。"

孙伯灵当然想过将柴扔山下，等雨停或天晴后再弄上山，但当时顾虑先生等他着急，又担心山上没有柴烧，因此才坚决把柴弄上山。听到先生教诲，他点了点头。只是，先生说的三道题中的第三道题不知指什么。正要问个明白，只听鬼谷子对庞涓说："你叫什么？也是来学艺的吧！"

孙伯灵见庞涓很恭敬地跪地拜道："徒儿姓庞名涓，恳请先生收晚辈为徒学艺！"

鬼谷子没有马上说话，背着双手在洞中踱了几个来回，转回身说："庞涓，为师今天只为你出了一道题，可是，你的回答为师不甚满意。不过，毕竟今天是头回见面，咱们来日方长，望你今后多学习孙伯灵，做成小事才能成大器。"见庞涓有点不高兴，鬼谷子换了个话题说："今后你俩多学习别人，用心学艺，有朝一日下山为官，无论为哪一国栋梁，都不可辱没鬼谷山的荣誉，不可辱没为师教你们学习本领的一片心意。"

庞涓、孙伯灵跪拜道："先生放心，学生谨记教诲！"孙伯灵这时才突然明白，鬼谷子所指的第三道题是指他在庞涓弃他而去之后所采取怎样的行动。

离开鬼谷子，庞涓叫上孙伯灵走出山洞。

洞外，雨歇风停，天空一片晴蓝，山林一派寂静，树梢间只有几只燕雀叽啾跳跃。

庞涓很真诚地说："孙兄初来便得到鬼谷子称赞，可见孙兄比我才高一筹。如若不嫌，我想与孙兄结拜为兄弟，以后无论在山上学艺，还是下山为官，都好彼此照应，不知孙兄意下如何？"

孙伯灵喜出望外。他万没想到，在失去父亲、母亲及两位哥哥，离开妻儿之后，竟遇上庞涓这一豪侠之士愿与他结拜为兄弟。

庞涓说："咱们到天黑后，择一好去处即结拜盟誓，你看可好？"孙伯灵激动地点头应承下来。

入夜，两个年轻人躲过其他人的视线，悄悄来到山背阴处。庞涓白天早已侦察好，见这里有草有花，且背人耳目，山石一旁还有条小溪清澈透明流向山腰。

走到一片草坡前，庞涓说："就在这儿吧！"他先堆起三个土堆，然后将三根树棍插在土堆上，并说："这就代表咱们燃起的三炷香。"

两个人虔诚地跪在"三炷香"前。

孙伯灵说："可惜没有酒。"

庞涓眼一亮，说："没有酒，有泉水，咱们以泉代酒别有滋味。"

庞涓话没说完已抽刀在手，说："孙兄，我庞涓与兄拜为兄弟可是真情实意。后又听说孙兄就是吴国大将军孙武的后代，小弟我更觉三生有幸，我与孙兄拜为兄弟后，我庞涓的名字和孙兄的大名就连在了一起，今天我歃血盟誓，让孙兄见识我的真情厚义。"说完，把刀放在手腕处，只一划，伯灵看见庞涓手腕处有血流出来。孙伯灵非常感动，正欲表示什么，又听庞涓说："皇天在上，请受我庞涓一拜！我庞涓今天与孙兄结拜兄弟，今后就是赴汤蹈火、粉身碎骨也绝不辜负孙兄。如若悖誓，皇天有眼，叫我庞涓死于乱箭之下、乱刀之中。"

孙伯灵热血沸腾，眼含热泪捧起滴有庞涓鲜血的泉水一口喝下。

他接过庞涓手中刀，也在自己手腕处轻轻一划，热乎乎的鲜血流淌了下来，他说："皇天在上，也受我孙伯灵一拜！我与庞涓结为兄弟，今后就亲如手足，亲同骨肉。手足不相欺，骨肉不相残，我若悖弃天理，皇天严惩。"

两个人又喝下滴有孙伯灵鲜血的泉水。

庄严的时刻过去后，庞涓仍不想歇息，他介绍自己的身世，又详细了解了孙伯灵的家世。很为孙兄难过了一阵后，他说："今天的日子我将没齿不忘。望今后仁兄在鬼谷子面前多为我美言，不至于让先生失望，也好在先生这里学到更多的真本事。"

孙伯灵说："贤弟放心，今后咱俩既是同学，更是兄弟，何况我比你大，哪有不帮贤弟之理。只是我才疏学浅，有求教于贤弟之时，还望不吝赐教。"

夜深了，两个年轻人还不想散去，他们从魏国说起，说到齐国，说到楚国，说到秦国，说到赵国、燕国、越国，说完了七个强国，又说宋、鲁、郑、卫、莒、邹、周、杞、蔡、郯等小国。小国因为国力薄弱，经济不发达，因此都难逃被大国吞吃兼并的厄运。大荔国（今陕西省大荔县东）早在公元前461年即被秦国吞并；蔡国（今安徽省寿县北部）于公元前447年被楚国兼并，两年后楚又灭了杞国（今山东省安丘市东北），又十五年后，楚国消灭了莒国（今山东安丘、诸城、沂水、日照等地），越国于公元前414年灭亡腾国（今山东省滕州市西南），第二年，又灭了郯国（今山东省郯城县西南），齐国不断侵略鲁、卫两国（鲁，今山东省东南部；卫，今河南省、山东省之间的北部一部分）；魏于公元前406年越过赵国攻占了中山国（今河北临城、徐水、满城、顺平、唐等地间）。你侵我夺的战争数不胜数，朝秦暮楚的敌友阵营变化无常，被兼并吞没的小国无力回天。争地，则尸横遍野；争城，则尸垒城高。这就是战争，这就是生活，这就是人生。

孙伯灵不胜感叹地说："战争这东西可不是好玩的。战不胜，就危害国家，就要割让土地，百姓就要遭灾。因此说，打仗是国家大事，是一个国家生死存亡的大事，不能掉以轻心。"

庞涓赞同道："仁兄说得对，只是战争不是由我们来掌握的。打与不打，什么时候打，在哪里打，怎么打，恐怕都不是你我能说了算的。"

孙伯灵想起自己被逃离战火的人群挟裹着从大路涌上小路，从小路涌向田野，想到死去的亲人，想到不知是否已回到鄄邑故乡的妻儿和不知死活的大哥，他叹道："贤弟说得也很对。可我觉得，我们既来拜鬼谷子为师学习兵法，学习战争之道，就要学会把握战争的本领。打与不打，怎么打，什么时候在什么地方打，怎么打，都要力求掌握在自己手中。只有掌握在自己手中，才能置敌于死地，才能预见战争的胜利，从而扼制住战争，使家乡人民安居乐业。"

庞涓为孙伯灵有如此宏大志向而感动，赞叹之余，又深感自己远远不如眼前这位初识的孙兄。

出现分歧

时光荏苒，转瞬到了第二年。

冬去春来，又是花开的季节，孙伯灵勤勉学习、刻苦攻读、认真研习，每次鬼谷子提出问题，他都细心琢磨，独立思索，回答时更是极周密、详细、深刻，许多次让鬼谷子喜出望外。随着时间的增长，鬼谷子更加喜欢孙伯灵。

庞涓的学习精神不比孙伯灵差。自那天与孙伯灵结为兄弟后，他越来越清醒地意识到：孙伯灵不但在人品上比自己强，在对战争的把握，对战术的运用，对计谋的实施等诸多方面均比自己强很多。他时刻提醒自己：一定要多向仁兄学习，不可落后。本着这种精神，他刻苦读书，刻苦钻研，有几次半夜了，硬把孙伯灵叫出石洞探讨请教战术方面的问题，感动得孙伯灵几次在鬼谷子面前称赞庞涓对学业兢兢业业的态度。经过一段时间的观察，鬼谷子渐渐打消了厌弃庞涓的念头，授课传艺也逐渐与孙伯灵同步进行。这一改变是在夏天的一个傍晚决定的。那天，鬼谷子又见庞涓捧着书独自到洞边溪水一旁山石上坐下，借着林间透过来的夕阳的光辉捧书而读。鬼谷子顿生恻隐之心，并自责对庞涓可能要求太严格了，年轻人有时表现得自私、急躁，也是人之常情。他觉得应当改变对庞涓第一天上山时的不良印象，因而给庞涓加速上了几课，以期其赶上孙伯灵。

为了让庞涓享受与自己一样的"待遇"，孙伯灵曾多次找鬼谷子替庞涓说情。原来，那天，当鬼谷子第一天见孙、庞二人时即有意要看看他的这两个新徒究竟能不能成大器，孙、庞二人都不知道。孙伯灵是出于内心而把自己认为应当承担的责任完成好，于是，他砍好柴，并尽一切力量把柴弄到山上，把柴背到了山洞里。庞涓也是出于本能而不顾初识的同学遇到困难，只一心想拜上鬼谷子，因此，他弃孙伯灵不顾自己先爬上山，并且丝毫没有愧疚之心。事后，孙伯灵明白鬼谷子所指的第三个问题即庞涓弃他先走，但伯灵并不怪庞涓那天离开他而没有帮助他，他只后悔当时不知道先生正注视他俩，否则，他无论如何也要强留下庞涓，和他一道把柴背回来。

这件事虽然过去很长时间了，但是，庞涓仍然不能释怀。他感谢鬼谷子终于把他与孙伯灵同视高低，更感谢仁兄伯灵以宽厚仁义之心待他。但他内心深处仍然有一点自卑，那就是，他的家庭从没有出过一个如孙武一样既能统兵打仗又能著书立说的名家贵族，更不要说与齐威王等尊贵的君王为亲族了。当然，这些孙伯灵全有！

庞涓感到只有磨砺自己的意志，刻苦研习兵法，积极积蓄力量，有朝一日下山为魏或为别的国家当将军，统率军队，自己才可以扬眉吐气。

这种种的矛盾、思虑及理想时常折腾着庞涓，有时是荆棘，他在这片荆棘面前无所适从；有时又是金鼓，他不得不加紧学习、刻苦钻研，不敢有半点懈怠。就这样，他既清醒又矛盾地度过了一年的光阴。

七月的一天，一个下山去买粮的同学告诉庞涓，魏国把首都从安邑（今山西省夏县）迁到大梁（今河南开封）来了！并向庞涓描绘他看到的轩辕銮驾、涂金描银、战旗蔽天、一泻百里的壮美景观。

这个消息令庞涓一夜未眠。半夜，他一个人爬起来悄悄出了石屋。外面很冷，山风刮来，他连打几个哆嗦。他登上一处山坡，朝东北方向眺望。天黑沉沉地不见五指，眼前什么也看不见。可庞涓心明眼亮，他在心里看清了大梁城里正烛火辉煌、歌舞蹁跹、美女如云、

鬼谷学艺

酒盏横举。

庞涓从没进过王宫，没见过他们过着什么样的生活。但是，他会想，会假设。他甚至想，假如他现在去晋见魏王，向他提出富国之道、强兵之道，他一定会被委以重任。真有这一天，那王宫生活离他还远吗？

庞涓把自己的未来总设计得十分美好，期望过高贵生活和期望成就栋梁之材是相一致的，因此，为了这个目标，庞涓更加刻苦学习兵法。

几天后的一个黄昏，鬼谷子坐在一块山石上看几个学生练习剑术。几个学生有的在树林洼地里，有的在朝阳的山坡上。他们手舞双剑或单剑，时而如燕子上下翻滚，左扫右剪；时而像疾火流星变化多端，瞬息难捕。夕阳照在山林里，照在远山近溪上。远山，层林尽染，由近及远逐次现出变化多样的色彩，流水潺潺，一路叮咚去向山涧深处。鬼谷子望着他的学生们认真做功课，脸上露出欣慰的笑容。

鬼谷子在这山里住了多久，他早已记不清了，世外的尘嚣、功名的引诱都不能使他动心。他自从隐居这片山林后，养身修性、研读兵法、著书立说、收徒授课、种菜收菜便是他生活的全部。他虽然身在尘世之外，但对于尘世之中的国家、君王、政治、经济和战争却心如明镜一般是非分明，曲直有度。自他隐居后，列国的不同主张的学者都纷纷慕名来拜会他。鬼谷子可谓身居深山中，胸怀魏、赵、韩、燕、齐、楚、秦。他收徒授艺的目的也正是把自己的才智本领通过徒弟们去献给天下，用于国家强盛发展。

鬼谷子望着他这几个学生，揣测着谁将来可以领兵打仗，谁将来可以做国相，谁也许一事无成。想着，看着，不觉有些困乏之意。他起身欲回屋去休息，却见孙伯灵和庞涓不练剑术，立在树林里争论不休。鬼谷子起身朝他俩走去。

孙、庞二人见鬼谷子到了跟前，忙叫道："先生！"

鬼谷子问："我看你们争论得面红耳赤的，什么事？说给我听听。"

庞涓退后几步，谦恭地说："先生，我们没争什么。"

鬼谷子又问孙伯灵："怎么，不想让我长长知识？"

孙伯灵忙回答说："先生您误解了。我和庞贤弟在议论您上午留的思考题。"

鬼谷子高兴起来，他为他的这两个学生如此兢兢业业而振奋。他说："那就赶紧说给我听听。"

庞涓见鬼谷子以期许的目光投向他和孙伯灵，就想不能让先生小视了自己，于是抢过话头说："先生，我和仁兄伯灵讨论的问题是您上午讲解的《道德经》中的俭武篇和偃武篇。"

鬼谷把两个学生招呼到身边，席地而坐说："来，细说给我听听。"

庞涓坐于鬼谷子右边，孙伯灵坐在鬼谷子左边。

孙伯灵对庞涓说：

鬼谷子祠堂

"贤弟比我有见识，还是贤弟先说。"

孙伯灵采取的是后发制人的策略，因此鼓舞庞涓先说。庞涓不知是计，正巴不得鬼谷子听自己阐述，"先入为主"，因此，孙伯灵话音未落，他就侃侃而谈起来。

庞涓说："老子说，'以道佐人主者，不以兵强天下'。还说，'夫兵者，不祥之器，物或恶之，故有道者不处。'意思是说，用'道'辅助君主的人，不靠兵力逞强于天下；兵器呵，这不吉祥的东西，谁都厌恶它，所以有'道'的人不使用它。我这样解说对吧，先生？"

鬼谷子点头赞同。

庞涓又说："我就不赞成老子的说法，如果能够用仁义、善、柔或所谓的道理，治理天下，那么，几百年来，这么多的贤明君主怎么

鬼谷学艺

就没有一个能把国家治理好，不使国家被别人兼并的呢？可见，以兵强天下，只是老子前辈的一个愿望。现在社会，各国战事频繁，别说每天，就是每个时辰都有人虎视眈眈地注视着你，看是不是有机可乘、有利可图。就说周桓王元年（前719年），郑庄公为报桓王免其乡士之职的怨仇，率军攻打宋国，捎带把戴国（今河南商丘）吞并了，一回手，又把宋、卫、蔡三国人马打个落花流水。至此，庄公开春秋兼并之先河。桓王十三年（前707年）周天子为整顿纲纪，恢复王室威信，起诸侯之兵伐郑。庄公不惊，以击弱的原则迎接王师。庄公之军先出击战力最弱的陈国军队，又击蔡国、卫国军队，随后攻击王师左右两翼，然后从两翼包围进攻王师，把王师打得弃甲曳兵而逃，桓王中箭负伤。庄公自此远交强齐，近攻卫、宋、戴、陈、许等诸侯，成为春秋初期之首霸。这能说他不是阱兵强天下吗？能说他不是靠军队，靠手中的武器来建立霸业吗？以仁治国只会挨打，只会白白等着别人来收取地里的庄稼，占领本国的城邑，掳掠本国的人民。因此，依学生理解，要成就大业，就要依靠军队，依靠战争，依靠武器，只有这样才能使土地不被别人抢占，人民不被别人驱使，国家不被别人吞并。这是学生对上午先生所教的圣人学说的一点理解，望先生赐教。"

庞涓的阐述，初听好像有道理，但经不起推敲。鬼谷子不用细想，就在心里已全面否定了庞涓的理解。假如说鬼谷子曾经喜欢过庞涓，不如说曾注意过庞涓的学习精神。他从来没指望这个学生会有所成就，会对哪个国家有所贡献，会给他这个当先生的带来荣誉。这时他把目光落在孙伯灵身上，想听听他的理解。

庞涓对战争的理解可谓经过了深思熟虑。今天敢于坐在鬼谷子面前陈述自己的观点，也是鼓足了勇气的。学为所用，这是最浅显的道理。他拜于鬼谷子足下学习兵法剑术，就为有朝一日谋取功名、光宗耀祖。学习兵法就为将来统率军队，征战沙场，没有胆略、没有勇武气概是万万成不了大事业的。庞涓回答完先生，不觉身上出了一层冷汗。他望着鬼谷子，等待先生赞扬他的见解独到深邃。然而，鬼谷子只是皱了皱双眉，什么也没说。听见先生让孙伯灵谈理解，他心里泛起莫名的酸楚。为了不让先生看出他的不悦，他也催促着孙伯灵说："仁兄，该你说了。"

孙伯灵并不十分想在鬼谷子面前高谈阔论对老师授课的理解，尤其不想在先生面前阐述与庞涓完全不同的看法。因此，他不好意思地对鬼谷子说："我还没有考虑好，今天就不说了。等我有了想法一定向先生汇报。"

鬼谷子摇着头说："不可能没考虑好。该不是怕我学到你的本事吧？"

孙伯灵羞愧难当，急忙说："先生过谦了！学生实在是没有想好。"

鬼谷子仍然不信："那就简单告诉我，庞涓的说法你赞同吗？"

庞涓知道孙伯灵的观点与他的想法相差甚远，因此只期待鬼谷子的最后裁决，并不想听孙伯灵说些什么。然而，他万没想到，孙伯灵说："我赞成庞涓的说法。"

鬼谷子锐利的目光如剑一般射向孙伯灵。

只一眼，鬼谷子就将孙伯灵的五脏六腑看个透明，孙伯灵在违心地附和庞涓的说法，在有意维护庞涓的威信！他不想让先生看出他比庞涓才高一筹、学加一等。可是，即使这样，对庞涓也不会有丝毫教益，对于伯灵自己将失去一次向先生求教学习的机会。鬼谷子在心里说：孙伯灵啊孙伯灵，你心地太善，即使满腹学问、浑身武艺，又怎么能统兵打仗，惩恶扬善？

鬼谷子看看天色已晚，伸了个懒腰，说道："今天就说到这儿吧，我累了。"说完起身朝石屋走去。

孙伯灵明白先生的心意。他知道鬼谷子对于他所寄予的是如何厚重的期望！他坐在地上没动，也十分惭愧，为了不使同学丢脸，而失去先生的信任，这不是因小失大吗？如果因此而得不到先生的青睐，那么，他在这里的使命就到此完结了，就凭现在的本事，他又能干什么呢？他深知自己浅薄，深知自己要学习的知识太多，他在心里责怪自己做错了事。

庞涓见鬼谷子对他的认识没留一句话，心里也迁怒起孙伯灵。他说："仁兄，我一直对你很敬重，敬重你的人品和才智。可是今天，我不得不重新认识你！"说完，也拂袖而去。

孙伯灵被先生和同学抛弃在草地上，羞愧得无地自容。

直到太阳落到山那边，他仍然坐在草地上检讨自己。

夜渐渐深了，露水打湿了孙伯灵的衣衫，冷风浸透他的肌肤。他望着黑洞洞的山林，听着虫和蛙的嘶鸣，突然想起家乡，想起他不告而别的妻子和儿子。妻子并没任何过错，她贤惠、能干、守妇道，可是她不但要承受战乱的纷扰和伤害，还要承受他给她造成的失去丈夫的痛苦。他对不住她！还有儿子，尚在襁褓之中便失去了父爱，被父亲抛弃。他将来还能见到他们吗？他们一家人还能团聚吗？他背井离乡，寻进深山拜师学艺正是为了一家人能够平平安安过日子啊！正是为了千万人家不受战争的侵害而平平安安过日子啊！

孙伯灵打起精神要去向先生磕头认错，请鬼谷子原谅他的无知，正要起身，却被一只大手有力地按住了。

孙伯灵抬头一看，正是银须白发的鬼谷子。孙伯灵磕头跪拜，说："请先生原谅学生无知，学生不是故意关闭心扉，实是担心……"

鬼谷子打断他的话，扶他一同坐下，意味深长地说："伯灵啊，我知道你心地善良，性情敦厚，可战争不是开玩笑，战争是不能用善心去对付的。非大智大勇者，不能统率军队、指挥打仗；非大智大勇者，不能掌握战争主动权，取得战争的胜利啊！"

孙伯灵平时也听过先生说这几句话，可此时再听却悟出更深更多的道理。鬼谷子深夜不睡，而对他谆谆教诲，用心良苦啊！实在是自己三生有幸。他感激鬼谷子的深情厚谊，更牢记先生的肺腑之言和殷切期望。

鬼谷子拉着他的手又说："庞涓所说的'靠兵力逞强于天下'，我实难赞同。我想你的理解会强于他许多。你却说与他想的一样，我何止是生气，我更伤心啊！你是孙武的后代，孙武的风范唯你承接、继续，难道你让我指望别人吗?"

孙伯灵羞愧万分。他跪在鬼谷子膝前说："先生，是学生浅薄，请先生原谅学生一回。"

鬼谷子把孙伯灵拉到自己身边坐下，说："好吧，咱们就接着这个话题，说说你的理解。"

孙伯灵见鬼谷子终于消了气，紧靠着先生坐下，说："今天上午先生所授的课，学生反复学习研磨。老子李耳说：'以道佐人主者，不以兵强天下，其事好还。师之所处，荆棘生焉。大军之后，必有凶年。善者果而已，不敢以取强。果而勿矜，果而勿伐，果而勿骄，果而不得已，果而勿强。物壮则老，是谓不道，不道早已。'老子这段话的大意是：用道辅助君王的人，不能靠武力逞强于天下。如果用兵总会有严重后果的。军队打过仗的地方，田野就会长满荆棘。大战过后，必然会出现荒年。善于用兵的人只求达到目的，并不敢用兵力逞强。而达到目的不要自高自大，不要夸耀，不要骄傲，要认为是出于不得已，更不能逞强，兵力强盛就要走向衰败，这就叫作兵事不合于'道'，不合'道'很快就会灭亡。"鬼谷子说："解释得不错。你又是怎么理解的呢?"

孙伯灵说："我十分赞同老子的观点，以道佐人君，不以兵强天下。凡统军打仗，胜利了，就能保存国家，延续世系。打败了，就要割地而危害国家。因此，战争是大事，要百倍重视。轻率好战，以兵力逞强都会导致国家灭亡。所以，不能随心所欲、穷兵黩武。就说三家分晋前（三家指晋国的三家大夫赵、魏、韩。公元前453年，三位大夫把晋国分成赵、魏、韩三国，我国历史上的战国时期从这一年开始），晋国最强、最有实力的大夫是智伯。可是，晋哀公四年（前453年），智伯无缘无故以武力威胁韩康子，索求领土，韩康子没办法，割万户之邑给智伯。智伯又以同样手段向魏恒子索求土地，魏恒子害怕他举兵讨伐，只好也给了他万户之邑。智伯仍不死心，又向赵襄子要土地，赵襄子不给，逃跑到晋阳（今山西省太原市南晋源镇），智伯就率领智、韩、魏三家之兵包围晋阳，决汾水灌城。只差三版（高二尺为一版）就要淹没城墙时，赵、魏、韩三家突然联合起来，大破智伯军队，杀死智伯，灭除智氏，瓜分智伯的土地。这便是背弃道而用兵力逞强的结果。"

鬼谷子静静听着孙伯灵的阐述，只偶尔赞同地"嗯"一声，生怕打断了孙伯灵的思绪。

孙伯灵话锋一转，又说："但是，我仅能对老子先生所说的不可强兵于天下的思想持一半的赞成态度。"

鬼谷子急切地问："为什么？"

孙伯灵说："我觉得老子先生所说的不可强兵于天下，只对了一半。战争、武力不可背弃'道'而不加以约束，只一味好战，贪求胜利，最终难逃灭亡。这是对的。但是，战争既然是关系国家存亡安危的大事，也就是除暴乱、禁争夺，实现和巩固国家一统的重要手段。前人中的明君圣人无不是极清醒地认识到这一点并谨慎行事的。远的五帝和三王不说，就说近的周文王和周武王。当初商纣王昏庸无道，刚愎拒谏，残暴成性，沉迷酒色，导致人臣离心，贤士远去，只有小人投其所好、弄权犯奸。小人当权，必然众叛亲离，诸侯起事。文王首先征伐犬戎、密须（西北地区部族），又打败耆国（今山西黎城）、崇国（今陕西省户县东）。几年后，周武王利用商纣王朝内乱之际，乘机率领诸侯联军，以武力攻伐消灭商纣，分封诸侯，完成了周祖一统天下的宏伟志愿。这就是战争的结果。这就是以兵强天下。这样的战争就是有'道'的战争。有'道'，则必胜。"

鬼谷子双目炯炯放光。夜色里，他凝望着眼前这个年轻人的模糊脸庞，静静地听他阐述他对"战争"、对"道"的理解，心头涌上一阵阵惊喜。

鬼谷子在心里说："孙武果然后继有人啦！"

鬼谷子丝毫不掩饰内心的激动和喜悦，在这山风还寒的深夜，在密密匝匝的参天古树下，他向孙伯灵一个人传授着他一生学到的本领。露水浸湿了老人的衣衫，蚊虫不停地袭扰着他，黎明的曙光悄悄出现在东面山头，树间的小鸟飞出巢穴觅食鸣噪……这些都没能打断他的谈话、授课。

孙伯灵更是如饥似渴地吮吸着先生头脑中的知识和智慧。

庞涓一夜未见孙伯灵的面，以为他躲哪儿反省去了，因此也没去找他。一早提剑晨练时却看到山林深处孙伯灵在鬼谷子面前专心致志地聆听鬼谷子说话。庞涓从心底涌上一股嫉恨。

庞涓一边练着剑，一边不时拿眼瞟着孙伯灵所在的方向，终于等到鬼谷子起身甩着胳膊回他的石洞了，才迫不及待地追上孙伯灵。"仁兄，你让我好找！一晚上不回来睡觉，我以为你让狼叼去了。"

孙伯灵见是庞涓，说："贤弟，你起得很早哇！咱俩练一会儿。"说完要去接庞涓手中的剑。

庞涓一闪没给他。庞涓笑呵呵地说："仁兄，你和先生整晚都在一起吗？"

孙伯灵应着："是，先生也一夜未睡。"说完又想要去接剑。

庞涓又问："再提个问题，先生跟你都说些什么？"

孙伯灵沉默了一下，说："先生对于咱们可谓寄托着厚望呵！他一生淡泊名利，隐遁山林，却满心希望他的学生个个都是武将文相。"

庞涓有些不高兴，因此口吻酸涩地说："只怕是只寄托给你吧！既然是寄托我们身上，为什么你不回去叫我也听听先生的教诲呢？"

孙伯灵没想到庞涓为没有听到先生教诲而赌气，就豁达地说："就为这不让我练剑？你真是小家子气，叫你，你睡得正酣，我还怕扰了你的美梦呐！"说完，又欲接剑。

庞涓仍不给他，依然心怀不平地说："那好，就信你一回。不过，要如实告诉我先生对你都说了些什么。"

孙伯灵踱了两步，遥望着远处山脉和山脉上方的天空说："先生说了很多，说到战争与'道'的关系，说到几个大国以强凌弱、以大吃小，还说——"

庞涓追问道："还说什么？"

孙伯灵想了想，故意卖了个关子不说，见庞涓急不可待要扑到他身上时，才半开玩笑半认真地说："先生还说，必须在对方最得势的时候，去加大他的欲望，他既然有欲望，就不能隐瞒实情。还说，又必须在敌人最恐惧的时候，前去加重他的恐惧，他既然害怕就不能隐瞒实情，情欲就必然丧失于变化。"孙伯灵见庞涓更不高兴，又突然说："我看你就存有欲望，想知道这，想知道那，你无法隐瞒你心里的欲望，我偏不告诉你，就让你再加大点！"说完，向山上跑去，边跑边笑着回头看庞涓。

庞涓却不追他。他相信孙伯灵说的都是实话，却更相信孙伯灵还有没有告诉他的话。

孙伯灵见庞涓没有追他，而是一个人郁郁寡欢地用剑砍脚边的花草，就又返回庞涓身边，认真地说："贤弟，还真生气了？就算愚兄我不对，没有叫你，下次一定叫你，行了吧？"

庞涓挥剑狠狠向一棵树砍去。剑太柔，一碰坚硬的树干就弹了回来。树干上留下一条细长的白痕。

庞涓收起剑，既恼怒又委屈地说："什么就算你不对？实质上就是你不对！要不是你昨天故意附和我，我怎么会让先生看不起，先生怎么会一言不发就走了？要不是你故意吊先生的胃口，惹先生注意，先生怎么会就跟你一个人说这说那，竟然一夜未睡！你呀，貌似善良仁义，实则一肚子花花肠子。你要讨先生喜欢，让先生高兴，也不要拿我垫脚，而让先生不喜欢我呀！"说完，庞涓委屈地哭起来。

庞涓这番话使孙伯灵吃了一惊。

自从孙伯灵和庞涓同拜于鬼谷子足下学艺，尤其是两个人深夜在溪边同跪草地上，歃血为盟以来，孙伯灵每时每刻都以兄长的身份祖护着这个看上去比他年长的兄弟，学问上不敢有半点隐瞒，道义上更是经常与他探讨交流。庞涓对他像亲兄弟一样谦卑和尊敬，每日里跟在左右"仁兄、仁兄"地呼唤。两个人如禾苗一般在鬼谷山中受鬼谷子精心培育而渐渐茁壮长大。也许，就在不远的将来，两个人下山谋事业，就是两只猛虎、一双将才。可是，孙伯灵怎么也没想到自己已经无意中伤害了庞涓，而且还是这么深。

孙伯灵上前抚着庞涓双肩说："贤弟，真要是愚兄让你伤心难过了，我向你赔不是。的确是我无意，而绝不是有意要疏远你我之间的情感。别哭了，啊？让先生知道了要怪罪于我。"

庞涓抹了把眼泪说："那好，你告诉我，昨晚先生在你面前说我什么了？"

孙伯灵感觉心被庞涓的话刺了一下，他抽回手说："没说什么。"

庞涓哼道："我不信！"

孙伯灵强调一遍："的确没说什么。"

庞涓抬腿就走："那好，我去问先生，让先生告诉我。"

孙伯灵急了："庞涓！先生一夜未眠，这时候一定睡了。"他见庞涓执意要去见鬼谷子，便揣测着眼前这个近于愚顽的兄弟究竟想要知道什么，心里说：没办法，只好骗他一回了。

孙伯灵说："你呀，想听到先生说你什么？我来告诉你。"

庞涓果然收住脚步，两眼如炽火一般注视着孙伯灵，期待听到鬼谷子给予他的评价。

孙伯灵说："先生说到你的地方不多，但也有几处。第一次是说你也许将来能成就大事业，也就是说当个将军什么的。"

庞涓不知是缓兵之计，喜出望外，不禁神采焕发、志气昂扬起来。他将手中剑在空中翻飞了几下，望着空中的燕雀竟也挥剑去砍、刺，惊得林间的燕雀扑翅而逃。

孙伯灵见庞涓一副俨然已经是大将军的豪迈神气，心里突然为自己假冒先生之口而惶惶不安。先生最讲信、廉、仁、勇。先生把信放在首位，曾多次说："没有信、廉、仁、勇，不能传授兵法、论说剑

鬼谷学艺

术。兵法剑术与道相符，内可以修身，外可以应变，君子对比重视并以之为德。"

孙伯灵想挽回影响又说："先生还说，要想成就大事业，将来当将军就必须在山里学十年。还说，这十年里，不许打听别人夜里的谈话内容，不许打听先生对他的看法，不许总爱生气，还哭鼻子。"

庞涓明白了，孙伯灵在假借先生的口取笑他。但由于刚才的好情绪，好心境，这一回，他不但没生气，还笑着追赶孙伯灵。

孙伯灵见终于把庞涓逗高兴了，就以为没事了。可他哪里知道，庞涓宁愿相信他的后半段话是真的，也不愿相信连带前半段话一起是先生委托的！

 **险些被赶**

然而，孙伯灵没想到就因为他假冒先生说的话，差点被赶下山。

几天后，在一次鬼谷子先生给几个学生授完课后，庞涓捧着书，谦虚地说："先生，我求教个问题。"

鬼谷子站住，问："什么问题?"

庞涓说："先生，上课时您曾说过，'天地之化，在高与深；圣人之制道，在隐与匿。非独忠、信、仁、义也，中正而已矣。'学生反复研磨，我理解先生是告诫学生谋略时一定要遵循规律。这个规律就是'天地之化在高与深，圣人之制道在隐与匿'，就是在谋略时不单单要讲忠信仁义，更要以把握'中正'为原则。"

鬼谷子认真听着，希望能听听庞涓自己的见解，庞涓却不说话。

鬼谷子捋了一把垂于胸前的银色胡须，说："嗯，只能算你理解了。还有什么不明白的地方？"

庞涓说："我把谋略的规律与战场上的统兵打仗结合起来，就是说战场上的规律也是如此；统兵打仗也有它的规律可循，这个规律也就是隐与匿，即在阴处，在敌人不知不觉之中就已经摆开了战斗的阵势，给敌人一个措手不及，突然使敌国军队陷入绝境、困境不能自拔。这就是谋略、智慧的作用。既然是谋略、智慧，就不可能单单只讲忠、信、仁、义，更重要的是把握战场的机会，胜利的时机。不知先生以为学生理解得可有偏颇？"

鬼谷子笑了，满意地说："嗯，你说得不错，是这么个道理。但战场上运用起来远比咱们在这里说的困难复杂得多。不过，你既然理解了，今后再下功夫钻研，不怕学不会的。可见，你动了脑子，不错、不错。"

鬼谷子赞赏地一连说了几个"不错"。这是庞涓第一次听鬼谷子夸他。他心里顿时涌上一股秘不可言的狂喜，想起几天前孙伯灵曾告诉他鬼谷子断言他将来是个勇武帅才的话，心里更觉鬼谷子亲切可敬，更觉自己不辞辛苦寻进鬼谷山拜师学艺这一步走得何等英明。

为了证实自己心中的那点可怜的虚荣，庞涓追上鬼谷子："先生看我可是一个能成就大事业的人？"

鬼谷子歪过身子看了庞涓一眼，又继续往前走。

庞涓从鬼谷子脸上既没看出赞同，也没看出反对。他寸步不舍地又追问："先生，可看出我具备统兵打仗的才能和智慧？"

鬼谷子又扭头看了庞涓一眼，脚下步子却加快了。

庞涓小跑着快步跟上鬼谷子。跟了一段路程，仍没见鬼谷子说一个字，庞涓有些沉不住气了，声带怒气地说："先生不是亲口说过我将来能成就大事业，定能当个将军吗？"

鬼谷子突然像柱子一样立住了。紧跟在他身后的庞涓差点撞到他

鬼谷学艺

背上。庞涓顿时感觉从鬼谷子背后刮过来阵阵冷风。他下意识地退了几步。

庞涓万没想到，由于他一时虚荣惹得鬼谷子怒形于色。

鬼谷子脸色阴沉，双眉紧蹙，回身说："所有的还认我作先生的人都到山腰那片林子里，我有话要问。"

鬼谷子拂袖而去，庞涓却懊悔至极，立在山道上愣了半天不知所措。先生把所有学生召集起来会干什么？是斥责他庞涓不该刨根问底，还是会责训孙伯灵？

庞涓想不出比这两个更好的结局，心里更加恐惧。可先生的命令不传不行，也许一场灾难即将发生。鬼谷子究竟要干什么呢？鬼谷子是要责骂他，还是责训孙伯灵？庞涓不得而知。他立在路上又怕又急，想不出可以逃避的办法。

当学生们一个个陆续跑进山腰处的树林子里时，鬼谷子早已等候在那里。

孙伯灵得到通知后不知事情深浅，问庞涓鬼谷子要宣布什么，庞涓支吾着说不知道，孙伯灵只奇怪庞涓似乎心怀恐惧。跑进树林，孙伯灵发现鬼谷子满脸怒气，一副要与人决斗的架势。

鬼谷子见他的学生一个不差地全到齐了，就说："好哇，都来了，一个不少。今天把你们叫来，为的是我有几个问题久疑不解，今天咱们一起来学习研磨。在给你们上课时，我反复说过一个道理：一个有仁德的君子，自然会轻视财货，所以不会被金钱诱惑，反而还会捐出资财以助国家或他人；一个有勇气的壮士，自然会轻视困难，所以不会被忧患吓倒，反而能够承担镇守边关危地的重任；一个具有智慧的聪明人，通达一切事理，所以不会轻易被别人的诚恳所逼迫，而会与道理在一起。这三种人即所谓仁人、勇士、智者，我称他们为'三才'。"

庞涓悄悄移到孙伯灵身边，拉了拉孙伯灵的衣袖，问道："仁兄，先生想要说什么？"

孙伯灵专心地聆听着鬼谷子的教导，不敢有半点分心，觉出有人扰他，便不高兴地甩开手没有理会，却听鬼谷子又说："这三才都是可以建功立业的，都是可能对国家、对民众有所贡献的。今天要说的还有'三愚'：一个鲁莽、愚笨的人会轻易被人蒙蔽，一个不肖之徒容易受到恐吓，一个贪婪之辈容易受到诱惑。而这三种都是不可以成就事业，不可以成为国家栋梁之材的：如果君主用了这种人，王朝就会覆灭；国家用了这种人，国家就会灭亡；如果这种人统兵打仗，则不出十天，必兵败将亡！"

孙伯灵顿觉心胸豁朗、眼前明亮。先生的话虽不多、不繁，但是何等精辟啊！孙伯灵每听鬼谷子一席话，都更觉自己浅薄无知，更觉要学习的知识是那么浩渺无际，无穷无尽。他要默默记诵下先生的话，暗暗牢记下鬼谷子的谆谆教诲。但同时，他看出，鬼谷子的话音将落在另一个题目上，果然，鬼谷子又说："所以，我想告诉你们的是，一个强者由衰弱累积而成，一个直者由弯曲累积而成，一个富有者由贫穷累积而成。这就是道术的一种具体表现。今天我将要和大家探讨的还不是这个问题。"

鬼谷子的目光在学生们脸上扫了一遍，继续说："我听说有人假借我的口来歌颂别人。被称颂的是谁呢？就是庞涓。说庞涓是个能成就大事业的人才，必是国家栋梁之材，是大将军。说这话的人自然是指庞涓从这里下山后的光明前途。我听了很高兴。我很高兴我的弟子们都当上宰相，当上将军，如果你们谁有本事并得到老天的帮助当某一国的君主，我鬼谷子也将沾上你们的光辉而名留青史，这是多少古人终生追求索取而没能得到的啊！因此，庞涓没有错。我要说的是借我的口来表达他个人的心意，借我的名誉来完成他个人的企图的人。前因后果，我不想明白。说这话的人自己站出来！"

庞涓慌了，他看到孙伯灵朝前走去。庞涓紧赶几步拽住了孙伯灵的衣袖，示意他不要去承认。

孙伯灵自知自己说错了话，更恨庞涓多事，一定是他以此去鬼谷子面前邀宠，被鬼谷子憎恨，因此找出制造事端之人。此话是他说的，看鬼谷子的怒容，躲是躲不过了，孙伯灵快步走到鬼谷子面前，双膝一屈，跪在他脚下。

鬼谷子顿觉老眼昏花，心神混浊。

但是，鬼谷子很快镇静下来。他俯下身问孙伯灵："你是来替别人开罪的吧？"孙伯灵摇了摇头。

鬼谷子又问："那你想对我说你说这话是有原因的？"

孙伯灵又摇了摇头。

鬼谷子倒退一步，企图将孙伯灵看得清楚些，他又问："你知道我最憎恨的人是什么样的吗？"不等孙伯灵反应，他又说："我憎恨为了小利而失大义，为了小惠而弃大智，为了小恩而忘大勇的人，你学业未成、功名未就、前途未卜，没学会将来如何施展抱负和才能，却学会盗用先生之名鼓吹不实巧言拨乱同学之心。你知道我会怎样处理今天的事吗？"

孙伯灵仍然摇了摇头。

鬼谷子突然摇晃着身体，痛苦万分。他指着孙伯灵频频地摇着头说："你叫老夫太痛心！你走吧，鬼谷山已经容不下你了。你已经学成，可以下山谋取功名利禄了！"

孙伯灵顿觉五雷轰顶、天塌地陷。他一把拽住鬼谷子的长衫，继而双手抱住鬼谷子的双腿哭了。他万万没想到，为称赞庞涓一句而被先生撵下山，更不曾想到先生竟然把如此小一件事视为洪水猛兽。

庞涓见事情发展到这种地步，悔恨交加，深觉对不住仁兄。他快步跑到鬼谷子跟前低头就拜，并说："先生息怒，仁兄伯灵假托先生之口夸赞于我，实在是鼓励我求上进，学习兵法，将来求取功名，并无恶意，更不是有意盗用先生荣誉，望先生饶恕仁兄一次。"

鬼谷子看了庞涓一眼，却不答应。

众同学平时与孙伯灵和庞涓情同手足，关系密切，尤其是与孙伯灵。他们崇拜孙伯灵聪慧敦善、和气仁义，无论是请教学问，还是切磋剑术，孙伯灵都积极热情地解答。生活中，无论是翻地种谷，还是砍柴烧饭，孙伯灵都重活干在前、苦活累活抢在先，因此，他在鬼谷山中的威信仅次于先生。这时，众人不约而同地纷纷跪拜在地，请鬼谷子饶恕孙伯灵一次。

望着跪倒在脚下的众人，鬼谷子眼里流出眼泪。再看一眼依然紧抱着自己不放的孙伯灵，他真恨得咬牙。他用力甩开孙伯灵，说："收拾东西下山去吧！"转身回石洞去了。

孙伯灵此时才知鬼谷子对于他寄托了怎样的厚望！先生对他所采取的态度和处置的方法带给他的重创将让他铭记终生。他深知，假如换作别人，先生也可能只责训几句，或者只告诫不许再有类似事情发生。可唯独对他却不能依饶。今天之所以要被迫提前结束学业，下山谋生，与其说是由于他幼稚不实，而图一时虚荣造成的，不如说是鬼谷子智慧超人、胆略超人，而为他单独上的一大课。

孙伯灵理解了先生后便抹去脸上的泪水，收拾好进山时带的蓝布包袱，准备去同众位师兄弟告辞了。

天色已近黄昏，也许不等下山，天就黑透，可是，先生已经有话，让他立即下山，并说不愿再见到他。他不想违背先生的意愿，决定就是天黑了也要下山。走出洞外，孙伯灵看见众兄弟们都在洞外等着给他送行，他们已经站立很久了，见孙伯灵不得不走，便暗叹鬼谷子绝情，不免也憎恨庞涓薄情寡义。

孙伯灵与众人拱手施礼，一再说："别送、别送！"

一个叫悟生的同学捧上一件长衫和一些碎银子，眼含热泪地说："这是我们几个人凑的一点钱，你收下路上做盘缠。这件衣衫虽旧些，但好歹能做个替换之用。无论仁兄将来到哪里谋官，我们都认为你一定会大有作为。论文，你有卿相的德才；论武，你有将帅的谋略。仁兄，你万不可自我轻贱，自我懈怠。我们都望仁兄早日出头，早日衣锦还乡。"

孙伯灵接过长衫和碎银子，对悟生和众同学说："我牢记大家的好意，牢记先生对我的教诲。单看先生和众位师兄弟对我的恩情，我孙伯灵也不敢有半点自我轻贱和懈怠。我没有可以回报大家的东西，我给众位兄弟行个大礼，算作我孙伯灵的回报吧！"说完，孙伯灵向众师兄弟深深鞠躬，又双手伏地，头紧挨地面向众人行礼。

悟生等众位同学也纷纷向孙伯灵回礼。

孙伯灵告别众兄弟就去拜别鬼谷子。先生洞口守着一位才进山学艺不久的孩童。孩童没让孙伯灵进去，只递给他一卷竹简书说："先生让我把书交给你。先生说不愿再见到你，让你今后好自为之。"

孙伯灵接过竹简，在鬼谷子石洞前拜了又拜。他对孩童说："我怎么能连先生最后一面都不见就下山呢？你看我两手空空，好像什么也没拿就这样下山了，可实际上我肚子里的知识，上至天文，下至地理，统兵打仗，为官参政，这些都是在先生这里学到的，我怎么能连先生最后一面都不见就这样傲慢地下山呢？"

孩童被孙伯灵说得哭起来。但是，他仍然守住门口不动，只说："孙大哥，你还是走吧，否则先生会怪我的。"

孙伯灵怀揣着那本竹简书和祖辈留下来的兵书残简，与同学们挥手告别后，迈着沉重的脚步朝山外走去。

孙伯灵走到了山石隘处，忽然想起他和庞涓初识就在这里。他和庞涓相逢在大雨瓢泼之下，初遇在山冈乱石之前，虽同拜鬼谷子门下学艺，然而总伴有不愉快的事情发生。事虽都不大、不重，其结果却叫他战栗。这次被先生愤怒地赶到山外，不也正是由于庞涓骄横无礼而造成的吗？难道说，与庞涓的相遇是他命中注定的一次灾难吗？难道说，与庞涓结拜兄弟是他人生道路上不可挽救的一大失误吗？

望着熟悉的一草一木、一山一石，抚摸着他不知攀登过多少次的石壁、土坎，他叹息道："这也许就是古人所说的命运吧！"

孙伯灵心里正怨恨庞涓没有送他，却忽然看见山石下面，庞涓四肢伏地，跪哭不已。

孙伯灵连忙滑下山坡，抱住庞涓，两个人哭成一团。

庞涓哭诉说："仁兄啊，是我害了你，是我见先生格外喜欢你，而有意疏远冷淡我，我就向先生炫耀我胸中的才学，让先生也垂青于我，也像待你一样说话不觉累，教诲到天明也不觉困乏。可是，我没有想到事情会是今天的结果，没想到先生他竟是个少情寡义的人。他平时所教诲我们去做的，其实他自己也做不到！可我敢保证：先生他最喜欢的就是你，只有你才能实现先生的宏图大愿！你不要怨恨先生，不要怨恨我。我真的不是故意要把事情发展到这一步，你相信我吗？仁兄，你说句话啊！"

孙伯灵刚才想到庞涓没来送他，心里还愤恨不平，此时见庞涓涕泪横流，言辞真切，反觉自己心胸狭隘，不容人过。他抱紧庞涓劝慰道："庞涓贤弟，这不是你的过，是为兄我处事不冷静，才德还没有达到先生所希望的那样。一句话，是我自己的过错，不怪你，更不怨先生。只是，我深感自己学识浅薄，就这样出去又会有多大作为呢？我实在不愿离开先生，不愿离开贤弟，不愿离开鬼谷山啊！"

庞涓紧紧握住孙伯灵的手不愿松开。他说："仁兄，你尽管放心下山，像仁兄如此才学之人，各国君主一旦认识都会委以重任。退一步讲，假如仁兄仕途不顺，有朝一日我谋得一官半职，定用性命保举仁兄，我庞涓虽粗俗鲁莽，却懂得仁义道德。我永远不会忘记鬼谷山上曾经有一位叫孙伯灵的仁兄！"

孙伯灵感激万分，对庞涓的相送谢了又谢。无法拒绝庞涓的诚意，只好让庞涓送了一程又一程。终于天将黑透，孙伯灵朦胧中见一处山林格外熟悉，便劝庞涓回去，见庞涓一步三回头地消失在暗夜中，孙伯灵扭过身，朝山坡上那一片熟悉的林子攀登而去。是的，正是这片树林。在这里，孙伯灵第一次见到鬼谷子；在这里，鬼谷子收他为弟子；在这里，孙伯灵圆满回答了鬼谷子出的第一道题。

"请问前辈，鬼谷子住在山里吗？"

"仰望高山可以看到山顶，测量深渊可以测到渊底。然而，要知道一个人心里的企图却是不容易的。"

"敢问前辈，您可就是鬼谷子？"

"眼睛最重要的就是明亮，耳朵最重要的就是灵敏，心神最重要的就是聪明。"

"先生在上……"

孙伯灵仰望高山，隐约可见群峰连绵，远远近近苍茫一片。山还是进山时的山，树林也还是进来时的树林，只是不见了鬼谷子。孙伯灵在林里立了许久，望着难以忘怀的一草一木，他浮想联翩，更感慨万分。

孙伯灵思念鬼谷子，却不知鬼谷子此时是否在想他。他沮丧无助地坐在山道一旁的草地上，心里迷茫，不知自己下山该去往何处，困意渐渐袭来。他想，就在此歇息一夜。只要不被猛兽掳去，也许就会有师兄弟奉鬼谷子之命前来请他回去。也许，明天一早，先生就会因后悔而派人来追他。

第二天，天大亮了，孙伯灵猛地惊醒过来，发现自己既没被猛兽吃了，也没见先生派人追来，只好悻悻地收拾了包袱，朝着山下的路一步三回头地走去。拐过最后一道弯，再回头就只能看见浑然一体的群山峻岭了，甚至连上山的道也模糊不见了，孙伯灵心中大恸，鬼谷子先生，再见了！

猛一抬头，孙伯灵突然看见鬼谷子拄着木拐如石头一般立在山外的大道上。他的衣衫被夜露湿透，就连白发银须上也沾满了珍珠一般的晨露。孙伯灵只一夜未见先生，却发现先生苍老了许多。且他从没见鬼谷子拄过拐杖，然而此时，先生却拄着拐立在道口等候他下山。

孙伯灵知道先生已经原谅了他，先生哪会忍心让他离去，先生对他是寄托着山一样的情、海一样的谊啊！先生是一夜未归在此等候他而接他回山的啊！

孙伯灵再也抑制不住内心的感激和愧悔，喊一声："先生！"就扑在了鬼谷子的足前。

庞涓任将

转眼到了公元前 359 年，孙伯灵和庞涓追随鬼谷子学艺已有三年。三年里，山中花开花败，草荣草衰；山外风云变幻，战争频繁。复杂多变的政治局势逼迫列国竞相改革，竞相招募富国强兵的人才，以寻找强国图霸之路。公孙鞅自公元前 361 年去了秦国，很快得到秦孝公的信任，虽然阻力重重，举步艰难，但是，围绕着他提出的"国富兵才强；国不富则兵不强；兵不强则不可摧敌"及"重农战、讲进取、主法治"等一系列政治见解而采取的改革措施正一步一步实施。公孙鞅果然如魏相公叔痤所说的，是个年轻有为的"奇才"。

每次一算，上山已有三年，庞涓就心生浮躁之情。他时常为自己设想下山后的锦绣前程，时常想能像公孙鞅一样投奔一个大国而一展自己的智慧和才能。勃勃雄心时常如旺火一样烧着他的心，让他寝食不安，看书学习也时常走神。

庞涓自以为自己三年里勤勤恳恳，刻苦钻研，已掌握统兵打仗的本领，当个将军、统帅已绰绰有余。只恨没有人推荐，没有如公孙鞅一样的机会。

这天，庞涓借口砍柴，拿上刀和绳索便直奔山下。

下了山，庞涓见人便叫住攀谈，问这问那。路人有的拿他当拦路抢劫的，不敢多说，快步离去；有的拿他当乞求施舍的，存着戒心，也不敢妄言，因此，庞涓与十几个人打招呼，竟没有一个人停住与他长谈。

庞涓气哼哼地想："真是草芥匹夫，怕我干什么？我又不吃你们！"想想这该不会就是下山谋取功名的先兆吧？他揣摩起来：众人皆怕的是勇武之人；众人不约而同躲避的人当是统率千军万马的大将军啊！

如此这么一想，庞涓心胸豁朗，精神振奋，信心百倍。他在路上又远远见一个人朝他走来，便不等那人走近就躬身行礼，叫道："老人家，请允许晚辈提个问题。"

那人哈哈笑起来。庞涓抬头一看，见面前站着的竟是一个比自己小许多岁的后生，顿生恼怒，脸上露出愠色。

那年轻人忙叫："大哥！"

庞涓心中稍平静些，转念想：自己叫错了怎好迁怒于别人？于是就说："啊，没事，有事你也帮不上忙。"

那后生却出口不凡："那可不一定，大哥您只管说什么事，也许我就能帮上这忙呢？"

庞涓见后生相貌平平，而且衣着朴实，不像显贵人家公子，倒似平民人家孩子，便不屑地挥挥手说："你不懂，不懂。去吧，赶你的路吧！"

后生却执意不去，又问庞涓什么事。

庞涓轻描淡写地说："我随便问问，魏国国都大梁（今河南省开封市）有什么大事发生？"

后生笑了："嗨，你问对了！问别人还不一定说得上来呐！"

庞涓一听惊喜万分，不料眼前这个年轻人竟正是自己要找的，他高兴地说："那你快说。"

后生问："听说过公孙鞅吗？"

庞涓点点头。

后生又说："时下三国（指三家分晋后的赵、魏、韩三国）只有魏国侯称王。魏惠王也早有吞并韩国和赵国之意。公孙鞅走了，魏惠王后悔极了，感叹没有听从国相公叔痤的话。于是魏惠王颁公文、出厚币招揽四方贤士和豪杰。听说前不久，孟轲到大梁拜见魏惠王。知道孟轲是谁吗？"

庞涓早就听傻了，这时也只有摇头的份儿了。

后生又说："孟轲是邹国人（今山东省费、邹、腾、济宁、金乡等地间，国都在邹县），字子舆，是子思门下的高徒。子思是孔子嫡孙。孟轲得圣贤之传于子思，胸怀济世安民大志。听说魏惠王招贤士，便来到魏国。魏惠王到大梁郊外把他迎进城去，并待为上宾，问他，'你给我带来了什么利益？'孟轲说，'为人君，重要的是施行仁义，怎么能张口就要利呢？'惠王听不进孟轲那套仁义，因此没用他。现在，惠王正急于用人，四方贤士仍有自荐或他荐而被惠王召见的。"

后生看看庞涓，见庞涓一身布衣，身体虽然魁梧，却也像个书生模样，就问："先生是何方人士，为什么不亲自去大梁看一看，也找个人推荐去见惠王呢？"

庞涓早听得晕头转向。他怎么也没想到这个比自己小许多的小孩子竟知道这么多，此时又听他问自己为何不去大梁，更觉惊喜和惭愧。

庞涓问道："敢问这位兄弟尊姓大名，家住何方？"

少年说："我叫王团，家住大梁。"

庞涓此时才真正感觉相见恨晚。他扔下手中工具，躬身深拜不起："王团兄弟，请受愚兄庞涓一拜！"

王团连忙回礼，问："请问庞涓大哥你家住哪里？怎么会在此相遇？"

庞涓兴奋地感叹道："在此相遇正是咱兄弟俩有缘呵！"

庞涓一五一十地把自己拜鬼谷子为老师学艺已三年，胸怀报国大志，苦于无处施展才能，正欲寻机下山求发展等事说了一遍。

王团为庞涓怀才不遇的感叹而嗟叹。他当时就答应庞涓，庞涓去大梁后，他帮助找荐举的人，并保证说一定找个"国相"，把庞涓高兴得恨不能立马就去见见这个"国相"。可是，他不能马上走，他还没向鬼谷子和仁兄孙伯灵辞别。他与王团商量，邀王团一同上山等他一夜，明天一早他即随王团下山去大梁。王团不便推辞，再说也想拜见鬼谷子，于是就随庞涓一同上了鬼谷山。

庞涓引王团上山时，天色已晚。迷迷蒙蒙中，鬼谷子见庞涓出去一天未背柴回来，手中仍然只有一把柴刀和一根绳索，且身边跟着一个面目清秀、衣着简单的少年，心中已经明白了七八分。

庞涓走到鬼谷子身边，把鬼谷子介绍给王团："这就是我的老师鬼谷子。"

王团屈膝低头就拜："晚辈王团拜见先生！"

庞涓又对鬼谷子说；"先生，这是我新结识的兄弟。"

鬼谷子说："你引这位新结识的兄弟来见我，该不是又让我收个徒孙吧?"

庞涓语塞，想告诉鬼谷子真情，又怕鬼谷子阻拦，心想，还是从长计议。因此，他说："王团是路过此地，久仰先生盛名，再三托我引荐，学生推不过才引他来见先生。先生如没事，学生告辞了。"

王团跟着庞涓离开后，王团不高兴地问庞涓："明明是你有求于我，在先生面前怎么反倒变成我有求于你?"

庞涓连忙笑着说："兄弟误会，我怕先生拦我下山。我还没敢跟他提下山之事呐！"

王团不解："怎么，你卖到山里了吗?"

庞涓想着王团把他当鬼谷子的奴隶了，心中抑郁不悦，但又不便表露，就拉起王团说："走，我领你去拜见我的师兄。"

孙伯灵正在一支松明灯下读书，见庞涓领一陌生人进屋，就忙起身相迎。

王团上前施礼道："大哥在上，小弟王团有礼！"

孙伯灵回过礼就拉王团坐炕上。两人一见如故，才聊几句，就彼此感觉非常投机。两个人你来我往地正叙说家常，一旁正浮躁不安的庞涓耐不住了："我说仁兄，你帮我出个主意吧！"

　　当听说王团上山正是为庞涓下山去大梁之事时，孙伯灵沉默不语了。下山寻求事业发展是他们所有人求学的目的。可他总觉得自己还不具备成就大事业的才能，因此，无论谁下山，他都心不动。此时，庞涓告诉他意欲下山，他的心里不知为何竟激动了一阵子。

　　"仁兄，你也下山吧？咱们一道去大梁？"

　　孙伯灵说："不。"

　　"仁兄，那你就去对先生提我下山的事好吗？先生最赏识的就是你。你要是提出来我下山的事，先生定不会阻拦。"

　　孙伯灵摇了摇头。

　　庞涓急了："仁兄，这可是我的一次机会。失去这次机会还不知道又要等到什么时间呢。"

　　孙伯灵没答应。他想：先生不会不让庞涓走。庞涓让他去找先生说不过是尊重他这个师哥罢了。

　　庞涓见孙伯灵不答应，就狠了狠心说："那好，我自己去说。我相信，先生就是再不愿我走，也会为我的前途着想。他总不能让我们在这山上待一百年，跟他一样变成一个白胡子老头，也没谋个一官半职吧！"说完，气哼哼地出了门，消失在夜色中。

　　孙伯灵对王团说："我这位贤弟今天有点着急上火，唯恐去不成大梁呐。"

　　两个人又聊了一阵，当王团得知孙伯灵是吴国大将军孙武的后代，又见孙伯灵一脸正气，为人谦恭友善，便兴奋得握住孙伯灵的手连呼"大哥、兄长"。

　　庞涓离开孙伯灵和王团，几步冲进夜色之中，快走到鬼谷子住处时，却又犹豫起来。他该如何对鬼谷子说呢？鬼谷子会同意吗？

　　庞涓在鬼谷子的门口徘徊了半天，不知该不该进去。

　　庞涓第一次意识到自己其实是怯弱的。鬼谷子那里又没有埋伏雄兵百万，也没有虎豹豺狼，怎么就令他举步艰难呢？跟随先生学习三年，虽然不敢称已经目穷万卷、学究天人，但是，他敢说统兵十万他就将百战百胜，已经具有如此才能，去大梁谋个将军之职也是绰绰有余吧？那么，为什么还如此顾虑重重、瞻前顾后呢？

庞涓心里明白，如果在鬼谷山再待上一两年，他将能学到更多更广的知识，这对于他将来的发展将大有裨益。可是大梁的诱惑叫他按捺不住，他等不到那一天了。反复权衡利弊，他决心一定要说服先生，让他下山，让他去大梁。

忽然，从鬼谷石屋里传出话来："谁在外面？有话明天再说。"

庞涓一时语塞，想推门进去，对鬼谷子把心意表明。可先生不想见人，他硬闯进去会惹鬼谷子不高兴。真到那时，怕鬼谷子就是让他走也会怪他。无奈，庞涓只好悻悻地回到住处。

庞涓在焦灼中度过了一夜。

第二天，天刚亮，庞涓在一山凹处的草地前找到了鬼谷子。

先生正在练功。庞涓看到鬼谷子盘腿坐在一个蒲团上，双手合掌举在胸前，微合双目，一动不动。草地上有许多鸟雀觅食叽噪，远处山林里有麋鹿跑过。庞涓拾起一块石头，向那群鸟扔去，鸟雀受惊四散飞去。庞涓再看先生，却见鬼谷子依然端坐，一动不动。

庞涓不敢惊动先生练功，只好坐在不远处等候。

鬼谷子练完功，看见了早已等得汗流浃背的庞涓。不等庞涓说话，鬼谷子说："人有六气，为元气、志气、运气、人气、灵气及和气。通过呼吸吐纳可以养气。也就是我常对你们说的，宁静可以养气，养气可盛神，因此将精气固住。这就是从神而化。"

鬼谷子先生不理会庞涓的烦躁情绪，只顾阐述他一生的修性养生经验，他说："心志是欲望的使者，欲望多，心神就会散漫；心神散漫，志气就会消沉；志气消沉，思想就不通达。所以说心气如能有所统一，欲望就不会过多；欲望不过多，意志就不会消沉；意志不消沉，思想脉络就会通达。思想通了，气也就顺了，于是闷气也不会产生。因此，精神是这几气的统领，心灵是它们的居处，道德是它们的根本。"

庞涓早就不愿听鬼谷子所谓"出神入化"这套理论。他认为这是鬼谷子尘世不遇而逃避是非的自我安慰之说，他所说的五气也好，六气也罢，谁见过？长什么样？平时，他就不爱听先生这套理论，此时心中有事就更不愿听了。因此，几次他都想打断他，可又总插不进话。此时，趁鬼谷子喘口气，他说："先生，我想……"

鬼谷子旁若无人地继续叙说他的理论，说："心志得不到培养，心气就不会坚定；心气不坚定，情绪就不会愉快；思虑不通达，意志就不会踏实；意志不踏实，应对就不会周到；应对不周到，就会使心气空虚，那就等于丧失了一个人的灵魂。一个人如果丧失了灵魂，就会迷惘，干大事则不成，处小事则衰败。"

庞涓听到这里，才知是鬼谷子借说练功而教诲他今后的作为，他深情地喊一声："先生！"低头拜于地下。

鬼谷子把他扶起来，说："我知道你的心意，我不会拦你。学为了用，你既然已经觉得自己学成，想下山谋取功名，这是你的志气。走吧，你去寻朵花来，我为你占一卦。"

庞涓喜出望外，精神大振。他把事情想得太复杂了，以为鬼谷子会拦他不让他下山，却没想到，先生一点留的意思也没有，还鼓励他学为所用，下山求出路。他高兴得连蹦带跳地寻找花去了。

鬼谷子站在一段山脊上，眺望远方，群峰连绵，烟雾缭绕。红日初升，云蒸霞蔚，满天都是勃勃向上的盛气。此时占卜正是最佳时候。

孙伯灵和众师兄听说庞涓要走及先生要为他占一卦，都纷纷登上山顶，想听先生对他说些什么。

这时正是六月，天气炎热，百花开过，没有山花。庞涓左顾右盼，寻了多时，只找到一棵草花，连根拔起，想呈给师父。但转而一想，这草花只能算草，不能算花，更不能作为大器。扔到地上，又寻找了一圈。可怪只怪再也寻不到别的什么花，只好转回身来，将那棵草花再捡起来，藏到袖中。

鬼谷学艺

庞涓回到师父的房间，说：“山坡上没有什么花。”

鬼谷子笑着问道：“你的袖中是什么？”

庞涓不能隐藏，只得取出呈上。

这草花离土之后，又经日晒，已半枯萎了。

师父接过花看了一眼，又望了一眼庞涓，问道：“我知道你必然会采来此花的，你知道此花叫什么名字吗？”

庞涓摇摇头，显出无所谓的样子。

师父见他这副样子，就提高声调说：“此花就叫马兜儿铃呀。它一开十二朵，正是你下山之后时运的年数啊！”

庞涓一震，一改那副无所谓的样子，吃惊地望着师父。

师父接着说：“这花是采自鬼谷山，见到太阳就枯萎了；‘鬼’字的旁边加一个‘委’字，这就预示着你的出仕，必然是在魏国呀！”庞涓一震，心中暗暗称奇。

师父说：“这花一开十二朵，也象征着你三年来学术十二篇，今天拔来这花，就是说你的学业至此正好该结束了。”

庞涓第三次被震惊了，简直站都站不住了。

师父说：“庞涓，你学术十二篇，篇篇都背得很好。第四篇中说什么是‘萌芽峨罅’的一段，请再背给为师听一下。”

庞涓背诵道：“天下分错，上无明主，公侯无道德，则小人谗贼；贤人不用，圣人窜匿，贪利诈伪者作；君臣相惑，土崩瓦解而相伐射；父子离散，乖乱反目——是谓‘萌芽峨罅’。”

师父说：“好！好！背得好。你这一去，望你和贪利诈伪者斗争，务必不要做诈伪欺人之事。须知诈伪欺人，到头来还被人欺，不可不戒！”

庞涓连磕三个头，连说三声：“感谢先生教诲！”起身告辞便收拾衣物去了。

孙伯灵默默记诵着先生的赠言，只觉庞涓太冲动、鲁莽，辜负了鬼谷子一片好心。

送庞涓下山的路上，孙伯灵把心里所想告诉了庞涓。

庞涓一心要下山，纵然是鬼谷子拿出镇山之宝，他也绝不犹豫。何况先生并没什么镇山之宝！

庞涓见孙伯灵仍有挽留他的意思，就说："仁兄，先生不了解我，难道你也不了解我吗？下山求取功名是我想了几年的事。今天幸遇王团老弟，又闻魏王缺将少相，这正是我施展才能的机会。我就纳闷你和先生不但不支持，反而要强留我于山中，难道说我庞涓才疏学浅，不具备将帅才能？难道要我把全部的青春白白扔在山中才算是高世之才，才能够经文纬武、百战百胜？别人不说，单说先生本人吧，在山中藏了一辈子，好几个国君、大夫请他出山，给予高官厚禄，他却不去，硬把一生的大好时光白白弃在山林之间、禽兽之中。现在，他自己这样碌碌无为、偷闲躲静了此一生也倒罢了，还想我也学他榜样，误我前程，我是决不答应的，你什么也不用说，我今天是决意要下山的！"

孙伯灵大吃一惊。他万没想到庞涓竟把先生和他的一片好意都误认为是要误他前程，更没想到，他跟随鬼谷子学艺三年，竟存如此不敬之心。不用细问，刚才先生的几句教诲他早已经丢到了九霄云外。想起先生为他算的那一凶卦，孙伯灵不禁为庞贤弟此次下山而担心。

孙伯灵送庞涓和王团下山，不觉已行至两年前庞涓送他的地方。伯灵想起那次被撵下山的经历，感慨万千。

庞涓见孙伯灵环顾四周而神色黯然，也记起两年前由于他，害得孙伯灵差点被先生赶走，心中不免愧意绵绵。他走到孙伯灵身边，真诚地说："仁兄，咱们跟先生一起学艺三年，彼此都了解禀性。这几年里，小弟有得罪仁兄的地方，还望仁兄豁达而不计较。小弟拜别仁兄了！"说罢，双膝跪地，双手抱拳，拜在孙伯灵脚前，眼中流出热泪。

孙伯灵跪地回礼，喊了声"贤弟"，便说不出话了。三年来二人朝夕相处，同学习、共研磨，演习练兵、切磋剑术，春种秋收、砍柴采果，可谓形影不离、情同手足，而此时分手，不知什么时间才能聚首，孙伯灵心中不舍但又不能强留，他说不出话来，眼泪却泉水般涌出眼眶。

庞涓感激孙伯灵三年里的关怀照应，庆幸自己在这深山鬼谷遇到一位待人敦厚善良且又聪慧盖世的兄长。他说："仁兄在上，请受小弟再拜！这次我庞涓下山，谋不到功名便罢，一旦谋取高官，一定荐举仁兄，保举仁兄也有同样富贵之位！"

孙伯灵深为感动，忙搀扶庞涓起身。

庞涓不起，再次磕拜道："仁兄在上，小弟我决不食言，来日如有富贵加身，定不忘仁兄。仁兄请相信我！皇天在上，我与仁兄已结为兄弟三年，此次下山，一旦功成名就，也要为我的仁兄求取功名。如有违约，叫我庞涓死于乱箭之下、乱刀之中！"

孙伯灵感动得涕泪横流，跪在地上，与庞涓紧紧拥抱在一起。

 **祖传兵法**

孙伯灵送完庞涓回到山上，鬼谷子见到他脸上泪痕斑斑的样子，问道："你是与庞涓惜别难舍吧？"

孙伯灵说："同窗之情，怎能不惜？"

鬼谷子说："你看庞涓的才能，能够当大将吗？"

孙伯灵说："承师教诲这么久了，有什么不可的呢？"

鬼谷子说："完全不可！完全不可！"

孙伯灵大大吃了一惊，连忙向鬼谷子请教其中的缘故。

鬼谷子却沉默地连一个字也没有回答。

第二天，鬼谷子对弟子们说："夜里真是讨厌透了，老鼠的叫声不断，使我睡不好觉。你们都要轮流值夜班，给我驱赶老鼠。"众位弟子按照鬼谷子的命令，布置好了值班的任务。

一天晚上，轮到孙伯灵值班，鬼谷子把他叫到房间，说："你能猜出我为什么让你们值班吗？"

孙伯灵哪里能够猜出，只能仅就所知回答："还不是给先生驱赶老鼠吗？"

鬼谷子微微一笑，说："这深山之中，不种五谷，哪有老鼠？"

"那么，先生为何让我们值班呀？"孙伯灵用困惑莫解的目光看着鬼谷子，不禁问道。

鬼谷子止了笑，语气温和而感情深沉地说："就是为不让别人察觉而让你单独来此，为师有一大事相告。"说着，掏出钥匙，打开书柜，取出锈迹斑驳的一个铁箱。又用钥匙打开铁箱，取出一卷一卷的简册来。"这是你的先祖孙武所著《兵法》十三篇。过去你的先祖将它献给了吴王阖闾，阖闾便用其策大破楚师。阖闾非常珍爱此书，不想让它广泛流传，就用铁箱封死，在筑姑苏台时秘密藏进墙壁之内。为师当年云游天下，到了吴国，已是越王勾践灭了吴国的时候，姑苏台被焚毁了。我在市上见有人卖这铁箱，打开一看，里面装的乃是无价之宝——你先祖的这十三篇《兵法》。可卖者有眼无珠，不知是宝，只说是从姑苏台残墙上挖砖挖出来的，不过为卖点油盐酱醋钱而已！为师一听，深叹吴国无人，复国无日，然不便吐露真情，只照价出钱，买下此箱，一直保存至今，从未对人提及。自你投奔为师门下，来到此山求学，为师心中暗喜，觉得找到了十三篇《兵法》真正的主人！为师曾考虑多次，要将此事给你言明，将《兵法》交到你的手中，然而总觉得不是时候。现在时候到了，《兵法》应该回到它真正的主人手中了，你就收下，当作传家之宝吧！"

孙伯灵在鬼谷子手中一见先祖的十三篇《兵法》，顿时激动得热泪盈眶，及至听完鬼谷子的一席长谈，已泣不成声，磕头便拜，说道："弟子来此山中，只知拜师，不知先生原是我家恩人！弟子失去父母，又遭战乱，宗族离散，虽知先祖有此《兵法》，但从未亲眼见过。今能在先生手中亲见先祖之书，岂不是三生有幸、全家得恩？俗话说，一日为师，终生为父。滴水之恩，涌泉相报。先生！以前我拜您是拜师，如今我拜您是拜恩人。我拜恩人，只是谢恩，决不要书，因为书是先生买来的，应属于先生！如果先生能以先祖《兵法》教我，弟子就如愿以偿了！"

　　鬼谷子听了孙伯灵的跪拜倾谈，不禁心潮澎湃，说："好！我教，我教，我一定教……"

　　孙伯灵说："先生，庞涓师弟在时，您为何不教给我们两个呢？"

　　鬼谷子问："难道你不知当今天下大势吗？"

　　孙伯灵说："先生讲过，不就是'萌芽峨嵘'吗？"

　　鬼谷子说："对了！我给你授术十二篇，第四篇中专门说什么是'萌芽峨嵘'。你能再背给为师听一下吗？"

　　孙伯灵背诵道："天下分错，上无明主，公侯无道德，则小人谗贼；贤人不用，圣人窜匿，贪利诈伪者作；君臣相惑，土崩瓦解而相伐射；父子离散，乖乱反目——是谓'萌芽峨嵘'。"

　　鬼谷子说："背得好！不错，这就是我给你们讲过的当今的天下大势，这就是为师云游四海、思索半世得出的结论。你还记得吗？我曾讲过，天下大势的变化，是从什么时候变得比较明显了？是从周平王的时候。平王之时，周室衰微，诸侯之国，弱肉强食，所以才说'公侯无道德'，这一段可以分为两点。第一点是说国家上层：天下分错，上无明主，公侯无道德，君臣相惑，土崩瓦解而相伐射；第二点是说中下层：贤人不用，圣人窜匿，贪利诈伪者作，父子离散，乖乱反目。总之，现在的大势就是天下大乱。在这天下大乱的时代，各国最先考虑的就是用兵打仗，所以你学兵法正逢其时。如果你能将你先祖的十三篇《兵法》学好，肯定于天下有利。学习你先祖的十三篇《兵法》，有两句话必须切记：善用之为天下利，不善用之为天下害。你刚才问我为什么不将你先祖的十三篇《兵法》教给庞涓，原因就在于此。我看在当今天下大乱的时代，庞涓很可能要做那种'贪利诈伪'的'小人'，所以怎么能够轻率地教给他呢?"

这天，夜已深了，鬼谷子对孙伯灵依然诲之不倦："目责在明，耳贵在聪，心贵在智。借用天下人的眼睛为自己观察，就能够无所不见；借用天下人的耳朵为自己倾听，就能够无所不闻；借用天下人的心智为自己思考，就能够无所不知。"

孙伯灵说："先生，您说过，聪明人无论做事还是说话，都不用自己的短处，而用愚鲁人的长处；不用自己的笨处，而用愚鲁人的巧处，这样，自己就永远遇不到困难。"

"这就叫摄心抑势，不但了解自己，更要了解对方。对敌作战则要了解敌人将领和士兵气势。敌人正想要计划做的事不要去制止他，相反要去引诱他，坚定他的决心，让他按照你的方案行动，最后落入你编织的网中。"

孙伯灵说："这就是说，聪明的将帅考虑问题时，必兼顾到敌我利害的两个方面。在不利的条件下看到有利因素，大事方可顺利完成；在顺利的条件下看到不利的因素，祸患才能解除。因此，用兵的法则是：不要寄希望于敌人不来，而要依靠自己做好的充分准备；不要寄希望于敌人不进攻，而要依靠自己拥有力量使敌人无法取胜。"

鬼谷子既惊又喜："孙伯灵啊，你已经学成了!"鬼谷子两眼射出烁烁光芒，他一生都不曾收到这样的学生，他所教授的众多学生中，还没能有谁像孙伯灵这样人品优良、聪慧过人，且威仪堂堂。鬼谷子一生的人生经验告诉他：善恶在心而形于貌，表端则心正，表欹则心曲。他总结的是：青云之士，貌如奇玉；泉石之客，形若岩松。更重要的是，他信奉用兵打仗是国家大事，不具备大智大勇则不能战胜敌人；不能战胜敌人则要亡国亡土。因此，他常挂于门的一句话是：

"材质不惠，不能用兵"。

与其说孙伯灵谨记先生教诲，克己攻读、发奋钻研，任何时候都不忘做一个品德高尚、胸怀远达的人，不如说他在凭着他的本质做人，凭着他的本质学习、生活。他虽有幸出生在一代名将孙武的家族之中，但是，祖辈的荣耀在他的生活中已经成为遥远的耀眼光环，可望而不可即。这光环不属于他，而属于整个吴国、齐国，甚至属于所有诸侯国，属于所有文明的国度。他只有靠自己的勤奋努力，孜孜不倦、好学上进，才能在先生这里学到成就事业的本领，只有靠自己将来下山去奋斗，才能不辜负父亲的殷殷期望，继承发扬祖辈的光辉事业。

孙伯灵见先生给予他很高的评价，心中并无喜悦，他谦虚地说："先生过奖了，学生如有一知半解也是先生教导的结果。"

鬼谷子走到孙伯灵面前，伸出双手扶住孙伯灵双肩，颤巍巍地说："武兄后继有人了！武兄后继有人了！我就是死也瞑目了！"

孙伯灵深知先生对他的看重和偏爱，深知先生在他身上所寄托的理想和希望，他感激先生给予他的信任和厚爱，更感谢先生教给他的聪明和智慧。

不知从什么时候起，孙伯灵开始盼望庞涓的消息，盼望他报告平安、仕途顺达的消息，心底里也期望他没有忘记分手时的诺言，荐举自己在魏国谋取功名。

 **孙膑下山**

转眼两年过去了。

这一天,一个从大梁来的商人模样的人爬上了山,找到孙伯灵,对他传达了庞涓的口信。听完商人的话,孙伯灵高兴地去找鬼谷子。

"来了!先生!"

"谁来了?"

"信来了!庞涓叫人送口信来了!"

"人呢?我见见。"

"他说急着去跑生意,我让他走了。"

"都说些什么?"

"说他现在当了魏国大将军,几年里统兵伐了卫国、郑国等好几个国家,都打胜了,很为魏王争了面子。还说请我下山,他已向魏王荐举我,魏王答应给我高官!"

"说完了?"

"完了。"

孙伯灵不知先生还想听到什么,半晌才听先生喃喃地说:"真没想到,真没想到!"

孙伯灵以为先生在为他的学生中终于能出一个大将军而高兴,却不知道鬼谷子忧心忡忡为孙伯灵担忧。还没问孙伯灵是否下山奔大梁,他就已经看出孙伯灵的意向了。可庞涓下山才两年，让人捎信中竟一字未提"先生"，可见他是一个浅薄粗陋之人，这浅薄粗陋的后面却还有一个聪明多变的头脑。孙伯灵一旦投奔他门下，他能善待他吗？虽为同学，虽然歃血盟誓，但三年的慈父严师的教诲都可以忘却，那瞬间的誓言又能诚实以待、忠实履行吗？"你打算什么时间下山？"

孙伯灵打了个愣。他还没跟先生说要下山呐！

"不要瞒我，我已看出你决意要走。说心里话，我不希望你现在走。可是，我这里不是出人头地、光宗耀祖的地方，在这里会埋没你的才能，埋没你的好名声。孙武还指望你给他争份荣耀呐！去吧，你已经长大了，已经学成了，不用再紧随先生了。如果可能的话，让人捎话给我，告诉我你还活着就行。"

孙伯灵跪地向鬼谷子行礼，不敢说一句话，只想多听听先生的教诲。他深知一旦离先生而去，他就再也找不到鬼谷子一样的才学、智慧、人品都如此高的先生了！

鬼谷子又说："这一年里，我时常想，你总要下山的，总要离开鬼谷、离开我，就像小鸟身上长满了羽毛要离开爹娘、满天去飞一样。我也不能总像个老掉触须的土蜘蛛一样带着一窝小蜘蛛闻着地气而总在搬家。我将在这山里凿个窟窿，那就是我的墓穴。你走吧，我会为你祈祷，你走吧！"

孙伯灵跪地不起。他怎么能就这样离开先生呢？对鬼谷子的教诲培育再造的感激之情是不能够用"谢谢"或者别的什么美好言辞来表达的。他暗下决心：一定要创造辉煌的业绩来报答先生。

鬼谷子见孙伯灵长跪不起，心中自然明白他的恭敬和感激之情。他把孙伯灵扶起来，说："不要舍不得离开鬼谷，舍不得离开我。若都舍不得离开我，都把媳妇孩子接来，我这鬼谷山不就成了大梁城了，那我到哪里才能找一个真正的鬼谷呢？"

孙伯灵眼里噙着泪，笑了，说："先生，学生想再听您教诲。"

鬼谷子想了想说："你下山谋取功名，见了魏王及大臣，免不了要问答对应，记住我下面的话，你就不会遇到障碍了。跟智者说话时，要依靠渊博；跟拙者说话时，要依靠详辩；跟辩者说话时，要依靠简单；跟贵者说话时，要依靠气势；跟富者说话时，要依靠高雅；跟贫者说话时，要依靠利害；跟贱者说话时，要依靠谦敬；跟勇者说话时，要依靠果敢；跟过（与"功"相对）者说话时，要依靠敏锐。所有这些都是待人接物之术，聪明人都是谨慎对待它的。"

孙伯灵说："先生放心，学生谨记了。"

鬼谷子又说："《易经》书上说，'云跟着龙，风跟着虎'。也就是说：老虎咆哮，山谷中会飘起大风；龙飞腾，天空中会出现彩云。我理解，云和风都是小人之辈，只有依附于龙和虎才存威势；反过来，龙和虎咆哮、飞腾，气势压倒一切，威仪无比，才招云和风聚拢、追随。假如云和云合起来而不追随龙，风和风聚拢在一起而不跟着虎，龙还能飞吗？虎还能咆哮吗？"

孙伯灵不知鬼谷子要暗喻什么，想想先生是把龙和虎比作他了，他谦虚地摆摆手，用心想了想，说："先生的意思是说龙会飞腾、虎能咆哮才招来了云和风的追随。一旦云和风有变，聚拢在一起与龙和虎敌对起来，那龙还飞腾吗？虎还咆哮吗？"

鬼谷子点点头。

孙伯灵说："假如我是龙，我就不理会云，照样飞腾；假如我是虎，我就不理会风，照样咆哮！"

鬼谷子摇了摇头，连声说："不行、不行、不行！"

孙伯灵迷惑不解："难道畏惧云而趴窝不动？畏惧风而缄口不语了？"

鬼谷子点点头。

孙伯灵突然想起先生曾多次教诲的施展智谋的原则，说："您是说'大智若愚、大进若退、大得若失、大藏若虚''以退为进、以失为得'？"

鬼谷子点点头，接着说："还有，'盛名之下难以久居''强者不夸，恐以速祸''勇者必晦，可以收功'。"

孙伯灵向鬼谷先生鞠躬："先生教诲，学生终生不敢忘！"

鬼谷子心绪复杂地笑了笑，说："好了，你去收拾收拾。今天天晚了，明天再走。走时咱们再告别，我要歇息了。"

第二天，太阳升上东边山梁后，孙伯灵才背着包袱去拜别鬼谷子。可是，门旁侍候先生的书童说先生去卫国串亲去了。

"什么时间走的？"

"昨天晚上。"

孙伯灵心里想：这是先生不愿看到他离别时的难过模样才故意躲开的。

孙伯灵转身下山，走了几步又停住。他怎么可以就这样离开鬼谷，离开先生呢？他跑回到鬼谷子的石屋前，庄重地跪在地上，恭恭敬敬磕了三个头，难过地说了句："先生，学生孙伯灵拜别了！"说完，他起身朝山下走去，

远远的山上，太阳能照到的地方，坐着鬼谷子。他遥望着孙伯灵，一直目送他到山凹拐弯处。孙伯灵的身影消失不见了，老人仍在为他送行，为他祈祷，为他祝福。

第三章

误入陷阱

自古英雄多磨难，『天将降大任于斯人也，必先苦其心志，劳其筋骨，饿其体肤，空乏其身，行拂乱其所为，所以动心忍性，增益其所不能』。孙膑学成兵法，正待在战国风云时代大显身手，不料一场惨祸从天而降。

投奔庞涓

前文说道，庞涓下山后，在王团的带领下走进大梁（今河南开封）。庞涓发现，无论是守城门的兵甲，还是路上的富豪人士，看见王团都非常恭敬地点头招呼，他心里奇怪也不便问，只是跟随而行。行至城中一幢高门楼的深宅大院前，王团径直就往里走，庞涓有些心虚，拽住王团衣袖问："这是哪位高官家？"王团没理他又要进，庞涓指着一侧矮门说："应当走这个门吧？"王团仍没理他，率先跨进门槛，守门人恭敬地目送他进了大门，却并不阻拦。庞涓疑惑，心中害怕不敢举步，又不见王团人影，更不敢在门外滞留，正不知如何是好，却见一位身着绸衫的翩翩少年伫立门口冲他招手。

庞涓定神看清正是换了衣衫的王团，刚才的惊恐变成了惊喜，三步并作两步飞速跑进门去，进了门低头就拜在王团脚下。

王团不是别人，正是魏惠王国相王错的小儿子。庞涓得知详情后直庆幸初离鬼谷就遇上了贵人，先生的教诲早忘了一半，然而先生看天相说他此次下山凶多吉少的话他却记住没忘。庞涓自忖初下山就已进入国相宅院，且与公子交好，非但无灾，反而均为吉兆。有国相帮助，前途岂不是一片光明？

果然如庞涓希望的那样。他在王团家住了一段时间后，由王团引荐给国相王错，又由王错推荐给魏惠王，受到惠王召见。

首次见惠王，庞涓为惠王隆准车颐、美如冠玉的英俊面貌而倾倒。惠王则久慕鬼谷子先生学识，一见庞涓体魄粗犷是块行武材料，又听庞涓说话声如钟响，心中便喜欢了三分。君臣坐定后，惠王问起用兵打仗之事。庞涓拜鬼谷子学艺三年，又常从孙伯灵那儿学到许多知识，因此，旁征博引，向惠王阐述他对用兵打仗及诸侯称霸的见解，从周文王、周武王用太公姜、周公旦联合诸侯而灭商纣，说到齐桓公两次被鲁国打败而重用管仲才国富兵强称霸一时，又说到吴王夫差用孙武、伍子胥，越王勾践用范蠡、文种而先后称霸中原。庞涓所知有限，但谈吐气势非凡，每说到诸侯称霸一时时，他就热血沸腾、声如洪钟。惠王被他的谈吐气势所感染，加上国内人才尤其是统兵打仗的将帅之才奇缺，惠王求将若渴，听完庞涓的一番议论，心中有意要拜他为大将军，于是又说："我国东有齐国，南有楚国，西有秦国，北有赵、韩、燕，军力不相上下，我国常处于不利形势。可恨赵国夺我中山（魏于公元前 406 年灭中山国），此仇至今未报，先生不知有什么良策妙计？"庞涓说："大王不用微臣便罢，如用微臣，我敢说战必胜、攻必克、称霸六国而兼并天下，何惧一个中山之仇不得报呢？"惠王说："大话好说，恐怕实际做起来不容易。"庞涓发誓说："臣是倚自我之才而说此番话，如果大王给我十万精兵，我保证打遍六国无敌手，若辜负王命，有辱国威，我甘愿伏车裂腰斩的死罪！"

魏惠王心悦诚服，当即决定委任庞涓为魏国大将军并兼军师之职。

一夜之间，庞涓从一介草民、一个拜深山鬼谷的隐士学艺的学生变成一个统率万乘兵车、指挥庞大军队的大将军，志得意满之情自不必说。他首先把妻儿接进将军府，又将三亲六戚安排在自己身边任将当官，之后，便整顿军队，先侵东面的卫国、宋国，后侵南面的郑国。卫、宋、郑均为小国，都敌不过魏国强大的军队，纷纷臣服求和，庞涓可谓屡战屡胜，深得惠王欢心赏识，一时骄气横生、孤高自傲起来。

之后不久，齐国军队攻打魏国边邑，庞涓率军抵御，将齐军打退。庞涓回到大梁便更加居功自傲，在朝堂上不把众大臣包括王错放在跟中，回到家中更是向身边的亲族夸耀自诩。

可是，每当静下心来时，庞涓则显出一副烦躁、郁闷之色。

一天，庞涓的侄子、在庞涓军中任将的庞茅问："五叔，侄儿见你常背人叹息，这是因为什么？"

庞涓在庞茅的再三追问下才道出真情。他说出了鬼谷山中的孙伯灵。

庞茅不知庞涓心中所忧，就说："这个有什么担心，传过话去请他来大梁辅佐五叔就是了。"

庞涓说："你有所不知，这个孙伯灵是吴国大将孙武的后代，统兵打仗无师自通，鬼谷子又于黑夜多教他许多，才智都在我之上，别说一个庞涓，就是十个恐怕也不及他一人。他一旦来魏，我恐怕要失去大将军之职，魏王一定会欣赏于他而冷落我。"

孙膑和庞涓

庞茅说："那就别管他，他爱去哪儿去哪儿，只要不来魏不就没有危险吗？"

庞涓说："你不了解此人，他一旦下山，投奔他国，无论在哪国求职均能够得到将帅之职，到那时，如果战场上与他决战，恐怕就更不是他的对手。"

庞茅这才感到问题严重："如此说来，孙伯灵这个人，五叔是非除不可了！"

庞涓长叹一声道："我与他已结拜为兄弟，在鬼谷又得到他许多关怀，有一次，为了我他差点被鬼谷子赶下山。临分手时，我一再保证将来一旦荣华富贵，一定不忘他。我怎么可以自食其言而加害他呢？"

误入陷阱

庞茅想了一下说："听五叔说到孙伯灵的能耐，我认为并不可怕，因为他还没有威胁到五叔的地位。可听五叔刚才这番话，我才真正感到可怕，五叔自知处境危险却不知道怎样去消除这危险，这不是眼看灾难降临而束手无策吗？"

庞涓更加恐惧不安："你说怎么办？五叔听你的。"

庞茅在庞涓军中担任副军师之职，凡事都给庞涓出谋划策，几经合作，庞涓便另眼相看这个侄子。此时听庞茅一番计策，心中才稍稍平和一些。但他仍然心有疑惑："万一孙伯灵不信任我，不进我的圈套怎么办？"

庞茅说："五叔与他是歃血盟誓的结拜兄弟，五叔又曾有愧于他，下山前又曾与他相约，现在五叔是魏国军队的大将军，更主要的是，听五叔说孙伯灵这人待人敦厚温良，凭着这五点，孙伯灵就一定会来，既来就只有一条路等着他，那就是一死！"

庞涓叔侄俩精心谋划后的一天黄昏，叔侄俩正在后堂看歌女跳舞，忽听有人报："鬼谷山孙伯灵求见大将军！"

孙伯灵一身布衣、脚蹬草鞋风尘仆仆地出现在庞涓面前时，庞涓锦衣缎袍，腰束一裹金腰带、容光烁烁，手提宽袍，喊了声"仁兄啊"，便直奔过来。到了孙伯灵面前，他低头就跪，孙伯灵慌忙也跪，兄弟俩久别重逢，思念的泪水盈满眼眶，就连说话声调都变了。

庞涓说："仁兄，你总算来了！"

孙伯灵说："贤弟，你果然没有忘记咱们当年的约定啊！"

庞涓说："仁兄帅才，愚弟当鼎力相助，鬼谷同窗三载，怎敢相忘你我的情谊呢？"

庞涓把孙伯灵引到将军府的纳贤馆安顿住下，又让人取来几套换洗衣服，说："你先洗脸换换衣服，我一会儿差人叫你吃饭，今天晚上专门设宴为你洗尘接风，一块认识认识我的几位部下。"

孙伯灵感谢万分，洗完脸换上庞涓差人送来的衣服，把自己的旧衣服叠好放进包袱里，就踱步出门，观赏起纳贤馆所处的小院来。院子不大，院里树木葱茏，花卉艳丽。纳贤馆分前后两排平房，看来来往往的人群，这里住着不少前来求职谋官的人。一截不高的砖墙把纳贤馆与大院隔开，月亮门一直通大院，门旁两个持戟士兵使纳贤馆平添几分森严和威风。

不一会儿，有人来请孙伯灵。孙伯灵紧随来人出了小院，七拐八折来到一处大殿前。殿里灯火通明，笑语欢言，孙伯灵进去后看见十几个武将模样的人围住庞涓不知在说什么。庞涓看见孙伯灵，连忙起身迎过来，并向众人介绍说："这就是我向你们说的我的仁兄——孙伯灵！"

孙伯灵忙向众人揖手施礼。众人还礼后，按照官级依次坐定，孙伯灵被安排坐在离庞涓最近的桌几前。

庞涓换了一身大红锦袍，束着闪烁金光的腰带，更显得风流挺拔、器宇轩昂。他向孙伯灵一一介绍完十几位武官，孙伯灵才明白，原来这些人多数姓庞，都是他的至亲。由此可见，庞涓在魏惠王朝中的地位不比一般。但是，由于这些人谈吐及相貌平常，没有多少吸引孙伯灵的才慧，酒过三巡，孙伯灵只记住了庞涓的两个侄子——庞聪和庞茅。

孙伯灵细看庞聪、庞茅。听庞涓介绍他们是亲兄弟，孙伯灵心里打了个愣：庞聪一副书生相，面肤白皙，说话柔慢，谦逊达理；庞茅却快言快语，思维敏捷，气势盖人，脸上横肉凸出，颇具武将威仪。这一文一武倒也相得益彰，从庞涓对他哥俩的态度和俩人座位的排次看，孙伯灵看出哥俩是庞涓的左膀右臂。

宴席过后，孙伯灵与庞涓等人告别后，被送回纳贤馆中。他心里烦乱，席间，庞涓只字未提引荐他见魏王之事，只一味劝酒。也许周围人多而不便说，也许，庞涓安排好了自会叫他。总之，前途未卜、功名渺茫，他心里空落落的。时候尚早，他取出父亲留给他的兵书残简诵读起来。

一晃十几天过去了。这天，孙伯灵又要走出月亮门，被卫兵拦住，卫兵说大将军交代过，要确保孙先生安全，因此不让他走出纳贤馆。

孙伯灵高声叫道："去叫庞大将军来，我找他有急事，快去!"

见一名卫兵持戟远去，孙伯灵才返身回屋等候庞涓到来。

没过多久，孙伯灵听到门外有整齐的脚步声，开门迎出去，果然见庞涓在两队兵士护卫下来到纳贤馆。

孙伯灵看到庞涓束发金冠，披百花战袍，着唐猊铠甲，系狮蛮宝带，威风凛凛，气吞山河，阔步走来。

庞涓行至门口抱拳行礼道："仁兄久候了! 这些天事务繁忙没抽身来看望仁兄，望仁兄见谅。我马上又要奉诏陪魏王会见鲁国、卫国、宋国及郑国的君主。这几国君主均慑于我国威望而相约同来朝见魏王，我不去不合适。有什么事等我回来咱们再详谈。"

孙伯灵见他行色匆匆，不好长谈，只说："贤弟尽管去忙公务，只是守门卫兵说你交代不让我出这道门?"

庞涓回身望了守门的一眼，对身边人说："撤了门卫岗哨，孙先生可以自由出入任何一道门!"

孙伯灵暗想，也许是自己多心了，又说："贤弟，我总这么闲待着不是事儿，见魏王的事还望贤弟早做安排。"

庞涓应承下，与孙伯灵告别，在两队卫兵护卫下匆匆离去。

孙伯灵带上门走到门前，果然不见了卫兵，于是，他迈开大步出了帅府，走上大街呼吸着大梁城新鲜的空气。

仙鹤老人

　　大梁城中人口疏散，集贸不盛，不像一个国家的都城，倒像一座普通城市。孙伯灵在不长的集市上走了个来回，就找了个人多的地方蹲下来听百姓们的议论。听了一会儿，他听明白了，这几年，庞涓统率军队攻打了几个小国，这几个小国的国君便相约来朝见魏惠王，送的礼物自然不会少，车马首尾相连从魏王王宫门口一直排到大梁城几里地外，车上除了骏马肥羊，还有绫罗绸缎、象犀珠玉、明珍玮宝，价值连城。

　　孙伯灵问身边一位老人："先生，你们说的大将军是叫庞涓吧?"

　　老人看他一眼说："正是。"

　　孙伯灵心中顿生对庞涓的敬慕之情。庞涓到底为鬼谷子先生争了光，不但当了大将军，还统兵打了几个胜仗，百姓们私下议论也都含着仰慕之情。孙伯灵正高兴，却听老人又说："众位！你等都目光短浅。殊不知除了武攻还有文伐吗?"

　　众人问："什么叫文伐?"

　　老人说："文伐就是用外交等非战争手段瓦解敌国。"

　　孙伯灵注意地看老人，见他童颜鹤发，飘然有出世之姿，便起身相拜，请教先生详说。

　　老人问孙伯灵姓名，孙伯灵告知是鬼谷子门生，刚下山投奔同学庞涓大将军。老人一听"鬼谷子"的大名，马上起身拜孙伯灵。孙伯灵被请到老人身边坐下，老人接着说："当年周文王问太公如何用文伐来挫败敌人。太公说，文伐按有十二种办法可用：第一，顺从敌国君主喜好，满足他的心愿，滋长他的傲慢情绪。这样，他必然会干出自以为是的事情，他就一定能够被彻底消灭。第二，亲近敌国君主所宠爱的人，分割敌国君主的威势。一旦他的臣子怀有二心，对他的朝廷不忠，他的国家必然灭亡。第三，贿赂敌国君主左右的亲信，深入了解敌君的真实情况，像身体、家族、君臣等关系，以采取措施谋害他。第四，故意辅成敌国君主荒淫好色的性情，使他陷入玩物丧志的困境。用丰厚的珠玉供他观赏，选美丽的歌舞女子供他娱乐。第五，重视敌国忠臣，与他建立诚实良好的关系，巩固他在国内的地位，让他对国外却抱感激之情，以图谋合适时机打开缺口。第六，收买敌国内的臣子，离间敌君在朝外的臣子。敌国臣子里通外国，敌国的形势就会内外交困，覆灭指日可待。第七，收买敌君左右亲信，使他们吃喝享乐，轻视生产和战备，粮财就会为之匮乏，库府为之空虚。第八，重宝行贿拉拢敌国重臣，让他们有国不爱，心向国外，既为此臣又为彼臣，其人所在，其地大败。第九，用最美的言辞颂扬、赞誉敌国君主，使他相信人民对他百依百顺，以此引诱他狂妄自大，而自以为已成为圣人，渐渐他的国家就会垮掉。第十，适时地表示卑下，为君主效力，如同兄弟，誓死不渝，表面与他亲密，暗地里却盘算他的国家，他的国家还能存活吗？第十一，在国内，使敌国君主越积越多的是财物、美女，对国外，他越来越少的是人才。敌国臣子越发结党营私，敌国君主就会更加孤立，长久下去，这样的国家还怎样统治？第十二，扶植敌国的奸臣，以迷乱其君主的心智；送去良犬骏马，使敌君沉溺于犬马声色以疲惫其身体；经常报以有利的形势，使敌君高枕无忧。然后观察有利的时机，而与天下人共谋夺取他的国家。"

　　孙伯灵记得鬼谷子先生曾给他传授过这些前人的智慧，可他没想到，大梁城街头也有如此学识渊博的先生。孙伯灵站起又拜了拜说：

"先生尊姓大名？可否收我做您的弟子？"

老人摆摆手说："我话没说完呐，等说完再拜也不晚。"拉起孙伯灵坐下，老人又说，"这十二种文伐行动至关重要，一旦齐备，就可以采取武攻了。这就是太公所说：上观天文，下察地理，抓住战机，兴兵讨伐。现在魏国迎来了鲁、宋、卫、郑等诸国君，君主接收了无数珠宝、锦缎、犬马、美女，贵臣也将得到一份丰厚的礼物。将帅意得志满，从此轻狂倦怠；文相功成名立，从此争恩夺宠。我看魏国在这十二条里已占了十条，这亡国的日子还远吗？"老人说完后起身拍拍衣衫上的土，又问孙伯灵："我说完了，你还要拜我为师吗？"

孙伯灵犹豫了一下，就在这时，老人扭身快步离去，身后带起一片尘烟。孙伯灵以为遇见了仙人，再看四周，众人皆无事一般又各自闲话起来。孙伯灵问一长者："大叔，刚才那位老先生叫什么？家住哪儿？"

长者说："你别中了他的邪说，他天天在这里说魏国要亡，他还说他要离开魏国往东走，到齐国去。可我每天到这儿来，他都在这里，也不曾离开大梁一步，我们不知道他叫什么，只唤他仙鹤老人，你没见他离去的样子，像大鹤一样吗？"

"仙鹤老人！"孙伯灵心中暗暗记下了老人的名字。

老人说到魏国要亡国虽然是危言耸听，但这话却增添了孙伯灵心中的压抑和愁闷。

八阵憾王

这天后的许多日子里，庞涓一直忙于公务，孙伯灵每天都去街市上听百姓们议论朝中之事，对魏国多少有了点感性上的认识。只是奇怪自那天认识了仙鹤老人后就再也没见到老人。日子久了，又见不到魏王，孙伯灵就想自己去求见。转念一想自己这样贸然求见，庞涓一定会责怪他，兄弟情分必然受到伤害。又等了几天，孙伯灵仍然没见到庞涓，心里生气，想离开大梁回齐国。想起故国，想起妻子儿子，他就惭愧不已。他从心里感觉自己对不起故乡，对不起那个叫冷家庄的村子，对不起妻子和儿子。

终于等来了庞涓的消息。这天天黑透后，庞涓在几个随从跟随下来到孙伯灵房间，庞涓说："仁兄，我终于说服了魏王，魏王答应明天见你！"

魏惠王对得到庞涓这样的帅才已经很满意了。正是由于庞涓抓住战机先后向几个国家攻伐，才有这几个国君相约齐向魏国称臣，齐向魏国进献财宝、美女，才有魏惠王今天的荣耀。魏惠王将一部分财宝和美女赏给庞涓，又问庞涓还有什么要求，如能办到，他一定满足他。庞涓趁机把孙伯灵推荐给了魏惠王。魏惠王不解地问庞涓："真如你说的才能在你之上，你荐给本王，不怕失去本王对你的宠爱吗？"

庞涓说："不怕，要真有横空出世的奇才辅佐大王，这是国家的幸事，我庞涓当先国家后自己。"

魏惠王很钦佩庞涓的品德，就答应约见孙伯灵。

第二天，庞涓陪孙伯灵入朝，谒见魏惠王。魏惠王降阶迎接，其礼甚恭。

孙伯灵拜了又拜，说道："臣不过是一个村野匹夫，蒙大王聘礼，不胜惭愧！"

魏惠王说："庞涓先生盛赞先生，说先生独得孙武秘传。寡人盼着先生到来，如渴思饮。今蒙光临，大慰平生！"

魏惠王画像

魏惠王又问庞涓说："寡人想封孙先生副军师之职，与卿同掌兵权，卿的意思如何？"

庞涓回答说："臣与孙伯灵，同窗结义，孙伯灵可是为兄呀，怎好让兄任为副职？不如暂且拜为客卿，等有了功绩，臣当把职务让给他，甘心在他的手下。"

魏惠王表示同意，即拜孙伯灵为客卿，并赐在客卿府第一区居住，亚于庞涓的将军府。

所谓客卿，就是半为宾客，半为臣子，名义上比当臣子好听，外表上表示尊重，实际上却是不想分兵权给孙伯灵。

孙伯灵心想，庞涓不忍心自己任为副职，打算将来把职务让给自己，还真不愧为师弟呀！于是心里对庞涓充满感激。

庞涓心想，孙伯灵既然得到了他先祖孙武的秘传，他和我同窗三年，又是结义兄弟，为何从未听他说过呢？必须想法打探打探他呀！

于是设宴请他，喝酒时装着有一搭无一搭地问起兵法问题，孙伯灵对答如流。及至孙伯灵问及庞涓一些军事术语，庞涓闻所未闻，连出处也全然不知，但他不懂装懂，摆出一副"早就学过，只是一时记不得"的样子，问道："这不是孙武《兵法》上所载的吗？"

孙伯灵一惊，心想鬼谷子先生不是说从未向人谈过先祖的《兵法》吗？但他毫不怀疑庞涓的用意，并不多心，回答说："是呀。"

庞涓说："愚弟过去也蒙鬼谷子先生的传授，可惜我用心不够，竟然已经忘了。现在还得借仁兄记的再看上一看，决不会忘记报答仁兄的。"

孙伯灵说："此书经师父进行了一番详明的注解，已与原本不同了。原本师父只给我看了三天，就收回了，我也没有抄本。"

庞涓说："仁兄还能记得吗？"

孙伯灵说："依稀还能记得。"

庞涓心中巴不得让孙伯灵立即就能传授给他，只是一时不能骤然逼他。

数日之后，魏惠王想试一下孙伯灵的才能，便对庞涓说："明日寡人要在校军场观看演习，请庞军师命令周知，早做准备。"

魏惠王又对孙伯灵说："请孙客卿也去。"

校军场在国都安邑东门之外。第二天一早，场上军旗林立，队伍森严，专等着国王到来。忽然鼓声震天，锦旗猎猎，簇拥着一辆华盖车子，徐徐入场，这是魏惠王驾到。华盖车后，锦旗之外，有两匹高头大马，一红一白，并行而随。骑红马的，眼如铜铃，面如重枣，额如屋脊，须如箭镞，金盔映日，铁衣生辉，长剑垂缨，高靴穿镫，坐而生威，动而生风，那就是大将军兼军师庞涓。骑白马的，绾髻垂发，布衣布鞋，俨然一个白面书生，这就是客卿孙伯灵。

庞涓与孙伯灵，一个装束超凡，一个朴实无华，两两相比，悬殊迥然。

这是庞涓精心揣想、着意追求的效果。孙伯灵来后，魏王阅兵，他才第一次有机会着此将军的戎装，第一次有机会在同窗和师兄的面前炫耀一下。他要让孙伯灵将他现在和在鬼谷子先生面前时比较一下。

在鬼谷子先生面前，他耿耿于怀的是，自己的成绩在同学中拔尖，但仍不受师父青睐，与孙伯灵相比，仅为师弟，而孙伯灵却为师兄，独占鳌头，至今使他回想起来难以容忍！而今究竟谁高谁低、谁尊谁卑，该谁为师兄、谁为师弟，且让孙伯灵好好看上一看，好好想上一想吧！

然而，孙伯灵和他并马而行，却不看他一眼，只把一双灼如朝晖的目光投向军阵旗林之间，且神色自若，又怎会想起庞涓那不受鬼谷子先生青睐和不服他为师兄之情？而像他这样的布衣之士能和庞将军并马而行，倒是军阵之中的士兵见所未见的，不禁对他投去无数的目光，相形之下，对庞将军看的倒是很少。

魏惠王登上阅兵台坐定，对庞涓说："今日演习，军师准备摆何阵法，让寡人一饱眼福？"

庞涓说："谢大王恩准，臣为大王所摆阵法，马上演示，请大王一过慧眼。"转身又对孙伯灵说，"请师兄多多指点。"

庞涓下台步入校军场，兵卒递上令旗。庞涓把令旗往怀中一抱，又左右两摆，再划了三圈，只听战鼓"咚咚"地随着他的令旗擂，令旗一抱一鼓擂，令旗两摆两鼓擂，令旗三划三鼓擂；只见阵形随着他的令旗变，令旗一抱阵形合，令旗两摆阵形分，令旗三划阵形转。三个战鼓擂得令人头昏耳鸣，数种阵形变得令人眼花缭乱。魏惠王坐在阅兵台上正目不暇接，庞涓手中的令旗忽然擎天指了四指，顿时之间，鼓声齐收，阵形立定。

庞涓扫视阵形，得意扬扬，欣然转身，望台作揖，放声如钟，说："大王在上！臣摆阵法已毕，请大王恩视降旨！"

魏惠王指着台下对孙伯灵说："孙客卿，此为何阵？"

孙伯灵说："大王，此为四门兜底阵。"

魏惠王说："此阵有何奥妙？"

孙伯灵起身指阵说："大王请看，阵的西北有刁斗，刁斗上的军士手持红、黄、青、白、黑五种旗子。若将敌围于此阵，我方士卒均往刁斗上看，刁斗上的军士以举旗为号，举起红旗，表示敌往南逃，

误入陷阱

我东、西、北三面的队伍就齐往南追击；举起黑旗，表示敌往北逃，我东、西、南三面的队伍就齐往北追击。这样，敌始终被围，想要杀出，万万不能，这就是四门兜底阵的奥妙。"

魏惠王说："好！那么，此阵有何法可破？"

孙伯灵说："如果将刁斗打毁，使东、西、南、北四面失去统一指挥，找不到旗子，此阵必破。"

魏惠王"哈哈"乐了起来，说："好好好！孙客卿，请坐。"回头对传令陪臣："息阵！谢庞军师，奖士卒。"

传令陪臣对台下高呼："传旨……息阵！谢庞军师，奖士卒！"庞涓走上台来，对魏惠王再拜说："大王在上！臣演兵献拙，叩谢大王点铁成金！"

他转身又对孙伯灵说："小弟难免破绽，请仁兄多多指点。"虽口中这样说，但心中对他在魏惠王面前指手画脚早已不耐烦。口中一面这样说，心中一面却又嘀咕："若不是你来，大王还不是我说什么就听什么！"

孙伯灵说："贤弟，下山以后，你的阵法练得更精了，这个阵摆得很好。"

庞涓落座，魏惠王问："你这是什么阵？"

庞涓说："四门兜底阵。"

魏惠王问："有什么奥妙？该怎么破？"

魏惠王一问，庞涓一答，跟刚才孙伯灵说的完全一样。魏惠王心想：孙客卿说得完全对。

过了一会儿，魏惠王对孙伯灵说："孙客卿，今天趁此机会，也请你摆上一阵，让寡人开开眼界。"

庞涓一听，心里便想：大王先让我摆阵，接着又让孙伯灵摆阵，这不是让我们俩比试高低吗？继而又想，自己在山上时就不如孙伯灵，下山后先生又给孙伯灵授了孙武《兵法》，自己岂不是就更不如孙伯灵了？他担心孙伯灵摆出他所不知的阵法，使他说不出章法而在大王面前丢人。于是他便向孙伯灵暗使眼色，意思是摆上一个普通的阵式，敷衍一下算了。

然而孙伯灵难以明白庞涓此刻的心意，却把庞涓的心意弄反了，以为使那眼色是在告诉他，魏王要特意看看他的本领，因而他必须抓住时机，摆出奇阵，让魏王一瞧，以求得一个赞美。于是，他即向庞涓点了点头，起身谢了魏王，信步走下阅兵台。他从军士手里接过令旗，只轻轻地从左到右摆了一下，又把令旗竖操在手，缓缓而举，共举八次，场上的士卒随着令旗而变换队形，鼓声止时，全场肃穆，阵已摆成，孙伯灵也湮没在阵中。

魏惠王在阅兵台上看不见孙伯灵，便问庞涓说："此为何阵？"

庞涓往台下看得本已心中惶惑，忽经魏王一问，先是愕然，继而语塞，但他机灵，马上改口说："此阵……大王！臣近日事多，颇觉劳累，眼力也差。臣观此阵，若差之毫厘，则谬以千里呀。臣怎能忍心欺骗大王，请准臣下台细观。"

庞涓是想找孙伯灵问上一问，哪知想得容易，找孙伯灵却难。他下台步入校军场，钻入士卒的缝隙间，绕来绕去，绕到阵心，才见孙伯灵操旗而立。

庞涓说："师兄，你摆的这叫什么阵呀？"

孙伯灵说："师弟，这就是八阵啊。"

庞涓说："这阵有何妙处？"

孙伯灵说："妙在以变化制敌。变则纷纷纭纭，斗乱而法不乱；化则混混沌沌，形散而势不散。这就是说散而为八、复而为一呀。"

庞涓说："此阵用何法可破？"

孙伯灵说："知此阵者，古代名将唯有姜太公，近代名将唯有孙武，所以说此阵必胜，无法可破。"

庞涓打听明白，立即离阵上台，禀告魏惠王说："大王！臣经细观，已了如指掌啦。"

魏惠王说："好！快告诉寡人此为何阵？"

庞涓说："臣到鬼谷山，跟鬼谷子先生一开始就是学的此种阵法，叫八阵。"

魏惠王说："妙在何处？"

庞涓说："妙在以变化制敌。变则纷纷纭纭，斗乱而法不乱；化则混混沌沌，形散而势不散。这就是说散而为八、复而为一呀！"

魏惠王说："可否细细讲来？"

庞涓一听，心里发慌，不禁语塞："细讲……"然凭其机灵又改口说："大王！鬼谷子先生讲此法的妙处太多了，臣因近日事多，心中杂乱，一时想不了那么细，请大王容日后细讲。"

魏惠王便对传令陪臣说："息阵！大谢孙客卿，大奖士卒。"

传令陪臣对台下高呼："传旨……息阵！大谢孙客卿，大奖士卒。"

息阵以后，孙伯灵上台坐定，魏惠王无限欣喜，望着他说："孙客卿此阵妙极，可否细细为寡人一讲？"

孙伯灵说："此阵法名为八阵，即天、地、风、云、龙、虎、鸟、蛇之阵。名为八阵，实为一体，其细微摆法，臣画一图，大王一看便知。"

魏惠王即命陪臣拿来笔墨锦帛，孙伯灵随即就画好了一张八阵图。孙伯灵便指点着图对魏惠王说："这八阵之法，最早是黄帝设计的。请大王看这八阵之形，天阵居乾为天门，地阵居坤为地门，风阵居巽为风门，云阵居艮为云门，龙阵居阵为龙门，虎阵居兑为虎门，鸟翔居离为鸟翔门，蛇阵居坎为蛇盘门。天、地、风、云，为四奇门；龙、虎、鸟、蛇，为四正门；乾、坤、艮、巽，为阖门；坎、离、阵、兑，为开门。大王您一看便知，这阵本是一体，分而为八。那天和地嘛，本来是黄帝让插旗的地方；那风和云嘛，本来是黄帝让扯幡的地方；而龙、虎、鸟、蛇嘛，才是排列队伍的地方。这天、地、风、云、龙、虎、鸟、蛇的名字，以及乾、坤、艮、巽，坎、离、阵、兑这些说道，黄帝设计时是没有的，这是后人误传，故弄玄虚而设物取象所加的。黄帝设计时没有这八种东西，但八这个数却是从那时制定的。为什么这样说呢？请大王再看阵的中间，这是大将所在的地方，这地方和四面的队伍加起来，其数为五；四面再加上四角，其数为八，所以说这阵法是起于五而终于八。黄帝设计的这个阵法，并不是关在房中的空想，而是领兵打仗的总结。黄帝制定了井田之法，也用这个办法治理军队。大王请看，这阵势像不像由井字所分出的九块田地啊？大将站在中间一块，指挥周围四块的队伍，合起来数字为五，这就是起于五；而队伍无论如何变化，总出不了周围的八块田地，这就是终于八。起于五而终于八这个数字，标志着打仗时敌我双方的各种变化，这个阵法的妙处就是从这些变化中来制敌取胜。变则纷纷纭纭，斗乱而法不乱；化则混混沌沌，形散而势为一。这也就是所说的变而成八、化而为一的阵法，所以能够制敌取胜。"

孙伯灵娓娓而谈，魏惠王听得沉沉入迷，津津有味，以至于孙伯灵讲完，他仍想听。见孙伯灵不再讲了，便问："这个阵可有什么办法能破？"

孙伯灵说："自黄帝以此阵破蚩尤以后，得传此法者，古代名将唯有姜太公，近代名将唯有孙武，所以说此阵必胜，无法可破。"

魏惠王一听，欣喜若狂，忽而站立说："如此高明的阵法，寡人耳闻恨迟！如此贤明的孙客卿，寡人相见恨晚！孙客卿，寡人下令求贤，求的就是你呀！你就是寡人最理想的军师。由你治军，魏必胜于天下！"

魏惠王的话句句如箭，直射庞涓的心窝，使他毛发倒竖，牙关紧咬……他岂能甘拜下风，等着孙伯灵治军！

校军场摆阵收兵，庞涓回府，想起摆阵的场面，更是恨上加恨。一恨孙伯灵，摆出八阵，占了上风；二恨魏惠王，口吐狂言，要封孙伯灵为军师。他思索对付的办法，不禁急上加急。一急没有办法，二急没有参谋。他昼思夜想，搜肠刮肚，终于下了狠心，反觉平静起来。

他到孙伯灵的客卿府更勤了，谈起兵法，显得对孙伯灵更加钦佩了。他又说自己也曾蒙鬼谷子传授孙武《兵法》，但不用心，竟至遗

误入陷阱

忘，要求孙伯灵再多加传授。孙伯灵却想起鬼谷子将先祖的十三篇《兵法》交给他的那个夜晚的情景，先生不是说从未向人提及过吗？但对引荐自己来魏惠王身边的师弟，并不细究，也就答应了他的要求。此外，在生活上庞涓对孙伯灵则显得更亲近、更关心了。

庞涓挑拨

一次，庞涓对孙伯灵说："仁兄的宗族都在齐国，现在仁兄已在魏国当官，怎么不派人把父母接到这里来，同享富贵呢？"

孙伯灵一听便流下泪来，说："你虽与我是同学，可是并不熟悉我家中之事啊。我先是丧父，后是丧母，只剩一个哥哥……"

庞涓插言说："哥哥叫什么名字？那就把他接来吧。"

孙伯灵说："叫孙江，现在还不知在哪里，是生是死啊！"

孙伯灵说到这里，哭得更悲伤了。

庞涓劝说道："仁兄！不要悲伤，要保重身体。只要您的哥哥还活着，不管跑到哪里，我也要帮着仁兄把他们找回来！"

大约过了半年，孙伯灵早就忘却了与庞涓谈的这些话。已是秋末冬初，天气渐冷，他上朝回来，走在回客卿府的路上，迎面走来一人客气地说："您就是孙客卿吧？"

孙伯灵仔细一看，并不认识，本不想理，但听他是齐国口音，倍觉亲切，便点头说："是呀！你有什么事吗？"

那人说："孙客卿！我找您找得好苦哟，今天总算把您找到啦！"

孙伯灵说："你是做什么的？"

那人说："我姓丁，名乙，临淄人氏，做买卖为生，从齐国贩布到洛阳。您的哥哥和我是朋友，给您写了一封信，托我捎到鬼谷山。"

孙伯灵诧异地问道："他怎么会知道往鬼谷山给我捎信？你怎么知道我在这里？"

丁乙说："他说曾到洛阳北门外去找过您，听主人说您已到了鬼谷山，所以他的信是让我捎到鬼谷山的。我到了鬼谷山，又听说您到了魏国，所以才到这里找您啊。"说罢，从怀里掏出信来交给孙伯灵。

孙伯灵慌忙拆开信，信上的字虽然不多，但每一个字都似金线一般牵动他的心。孙伯灵想起与大哥在战乱中失散，一晃十几年了，得知他还活着，心里大悲大喜，不觉泪水滚出眼眶。

丁乙说："先生为什么不回去，你哥哥可是盼着你早日还乡，骨肉团聚啊！"

孙伯灵说："我第一次见魏王，魏王好像已经有用我的意思，我已经向魏王表示愿意效力于魏国，怎么能不守承诺呢？"

丁乙为难地说："先生现在不回去，以后回去也行，只是先生的哥哥要我一定捎封书信回去。"

孙伯灵说："这倒不难，我马上给你，麻烦你回去跟我哥哥说，我已经在魏国谋求发展，让他不要挂念。"说完，就在一卷空白竹书上写了一封长信，让他带回去。

丁乙接过回信，立即告辞。然而谁知此人并不是什么丁乙，乃是庞涓的跟差徐甲！庞涓在半年之前从孙伯灵口中套出他的家世以及哥哥的姓名，便伪造了这封来信，让徐甲冒充齐国商人丁乙，投见孙伯灵。孙伯灵与哥哥从小分别，连手迹都不分明，便信以为真了。

庞涓骗到孙伯灵的回信，就模仿他的笔迹，把信的后半部分篡改成："弟今身在魏国供职，心悬故土，不久就要考虑回去的事情。如

误入陷阱

果齐王不弃我的一技之长，我肯定会尽上全力的。"

于是庞涓上朝秘密谒见魏惠王，让魏惠王撤掉身边侍从，即跪地磕头说："大王在上！臣罪不容诛，特御前请罪！"

魏惠王不禁既奇且惊，说："军师何罪之有？为何事如此？请起请起！"

庞涓仍不起身，说："臣查得证据，孙伯灵明保魏国，私通齐使。臣是他的师弟，按结义兄弟而论，一人犯罪，二人同当；且臣又是他的引荐之人，就罪上加罪，故先请罪。"

魏惠王更是吃惊，说："竟然是孙客卿，朕不明白，他怎么会私通齐使啊？"

庞涓说："臣的差人昨晚巡夜，查到一个形迹可疑之人，从他身上搜出一封信来。差人取火看信之机，那形迹可疑之人乘机逃窜。差人见信上说的是私通齐国，又是孙客卿亲笔，事关重大，不敢稍有怠慢，故立报微臣，再顾不上去追那形迹可疑之人。臣见信也觉得事关重大，差人立报微臣、不顾那形迹可疑之人是在情理之中。微臣又想，那形迹可疑之人一夜还能逃出魏国？如大王也认为事关重大，下令追拿也不迟嘛。况且，这信就是铁证，唯孙伯灵是问也就足够了，追那齐国人又有何用？所以今早拜见大王，呈上此信，请大王明断。"说完把信呈上。

魏惠王接信阅过，却"哈哈"笑了起来，说："噢！原来如此。庞军师，何必大惊小怪？请起请起！此事若细而论之，也难能怪罪孙客卿呀！一者寡人让军师把他招来，逾时一年，并无大事，他便思乡，岂非人之常情吗？如寡人因人之常情而治罪，岂非伤天害理、丧失人心吗？二者寡人卑礼厚币，招贤纳士，究竟为何？岂不是为的振兴魏国吗？而孙客卿是天下名将孙武之后，得其先祖秘传而为当今奇才，然而魏国未振却治奇才之罪，岂不违背寡人招士纳贤的初衷吗？天下有才之士谁还敢再来魏国？除此二者，更甚的是，孙客卿为辅寡人而来，却未得寡人重用，因此之情，他思助齐，以求用武之地，据理而论，罪不在他，而在寡人呀！庞军师，孙客卿的这封信不是他的罪证，而是寡人的警钟，寡人想明日就封他为军师，你只为帅，不知意下如何？"

庞涓心想，自己用了半年的心思，被魏惠王一席高谈阔论吹得灰飞烟灭，自己空张罗网连只麻雀也没逮住，而孙伯灵却成了仙鹤，静立水中等来了大鱼！他一直跪着在听魏惠王的谈话，活像一个罪犯在听候判决，越听心里越慌，听完便浑身哆嗦起来，为掩盖这种心慌的窘相，他才强撑着身子站了起来，口中支吾着："啊？啊！……"这时，他那股机灵劲，那种先是顺水推舟、后等时机再逆水行舟的本领，也奇迹一般地涌现在心中。他支支吾吾了几声，马上改口说："好啊！大王明如日月，一旨千钧。若能把孙伯灵留住，当然是再好不过了。那么，就请大王准许我去规劝孙伯灵，让他回心转意，留在魏国。如果他答应不走，大王明天就封他为军师。"

庞涓得到魏惠王的准许，到了孙伯灵的客卿府中。孙伯灵热情迎接，请他落座、上茶之后，即尽情倾谈起来。

庞涓于是问孙伯灵："听说几天前齐国有人捎书来，说仁兄的大哥还活着？"

孙伯灵说："贤弟消息真灵通。是的，我与大哥失散多年，大哥叫人捎信来，我是又惊又喜。"

庞涓问："仁兄不打算回去看看吗？我记得鄄邑还有兄嫂和侄子，不知他们母子可安好？难道仁兄不思念他们？"

孙伯灵不敢想这些。连年征战，鄄邑又是兵家必争之地，妻子和儿子是否还在人世真是一个悬念。他有心想回去看看，可又考虑刚到魏国，寸功未立，就告辞而去，恐魏王疑惑他嫌弃"客卿"之职。

孙伯灵说："妻子、儿子都是至亲，怎么能不想呢？只是我刚受魏王客卿之职，什么功劳都不曾立，恐魏王疑我是个无用之人。"

庞涓笑着说："祭扫祖坟、爱护妻小是人之常情，再说，还有兄长的挂念，你此去一趟即了却十几年的所有心愿。还有什么比骨肉团

误入陷阱

聚更重要的呢？明天，你上书魏王，说明真情，我当力保你此行成功。一旦从齐国回来，咱们兄弟联手战敌，岂不是战必胜、攻必克、伐必成？"

入夜，庞涓汇报有要事求见魏惠王。

魏惠王正在后宫娱乐，庞涓求见的事是重要大事，不见不好，但已心存不悦。

庞涓进入后宫，只说有重要事禀报，便不再细说，魏惠王知道他心中所虑，就喝退左右。

庞涓说："今天微臣前去客卿馆看望孙伯灵，满以为他对大王的委任会以感激之情相报。没想到言谈之中，他却愤怒至极，说当年姜太公不过是渔夫，却做了文王的军师；宁戚不过是个放牛的，也做了齐桓公的大夫，还说，他同样师从鬼谷子怎么能就当个客卿！我劝他不听，从他话中听出恐怕他要背弃大王去齐国。"

魏惠王气愤地问庞涓："他自比姜太公、宁戚大夫，他有姜太公的才略吗？就是宁戚大夫也是为桓公的霸业出了力、流了汗的。他是一介草民，没给我魏国带来任何好处，我就委任他为客卿，反倒嫌小，难道让他当国相、当大将军？"

话一出口，魏惠王倒慢慢冷静下来。当初，他不是曾打算委他军师一职吗？此时，他倒庆幸没有草率行事。可是，魏惠王又想：孙伯灵毕竟是个人才，是人才处事便不会太鲁莽草率，他即便对客卿之职有想法，难道真会当着庞涓的面而出言不逊吗？

庞涓见魏惠王说话底气不足，知道一两句话还不足以让魏王相信，于是又说："大王有所不知，孙伯灵在齐国是有根基的。孙伯灵乃吴王阖闾时将军孙武的后代。孙武乃田姓，孙武爷爷孙书原叫田书，伐莒有功，齐国王赐姓孙，因此田书一支皆姓孙。现在的齐国国君威王田齐乃田书兄长田恒的后代。因此，齐国君臣均为孙伯灵的亲族家人。现在，他的哥哥孙江即在齐国为官。前几日齐国有人捎书给他，他就产生了要回齐的外心。"庞涓又把孙伯灵写给哥哥的书信掏出来递给魏王。

魏惠王听庞涓细说，才知原来齐威王等满朝文武与孙伯灵都连着瓜葛，心中早已经气愤难平，再细看竹书，看出孙在书信中抒发的思念兄弟、思念故土的情感，肺当下就要气炸了。他把书信扔到一边问庞涓："如何才好？"

庞涓又说："孙伯灵恐怕会以回齐探亲的名义来向大王您请假，到时大王再定他背弃魏国私通齐国之罪。"

魏惠王点头称："妙！"

庞涓又说："大王不曾忘记武侯时吴起背弃魏国投奔楚国，领兵伐魏吧？大王更不会忘记公孙鞅从魏去秦后，秦国便一日日强大起来，威胁魏国吧？"

魏惠王不耐烦地摆了摇手："下去吧，寡人知道该怎么处置。"

惨遭横祸

第二天，孙伯灵将表章上奏魏惠王。惠王端坐在王台上，见孙伯灵呈上的表章与庞涓交给他的家书字迹一笔不差，又见表章果然有乞求告假，回齐扫墓、省亲之意，当下就将表章扔到台下，愤怒地说："孙伯灵，你私通齐国使者，暗约回齐，背叛魏国。你辜负了寡人对你的一片好心！军政司，削去孙伯灵客卿之职，发军师府问罪！"

孙伯灵大惊，屈膝跪伏于地上："大王冤枉！伯灵不才，初来魏国，大王便委以重任，当报效还来不及，怎敢存背叛之心？"

左右早已上来几个凶恶卫士将孙伯灵绑缚牢固。

魏惠王将一卷简书扔到台下，孙伯灵捧起观看，见正是自己写给大哥的书信，难道那个齐国来的人也被问了罪吗？可是，一封家书怎能作为叛魏佐证？

孙伯灵说："大王请息怒。我孙伯灵是慕大王招贤纳士、图才强国以霸天下的治国大略，才告别鬼谷子而奔大梁的。来后不久，大王即两次召见，在孙伯灵不曾立半寸功劳的情况下委以客卿之职，实是大王对孙伯灵的信任和看重，我怎敢嫌弃官小位卑而背叛大王呢？大王不信任孙伯灵，可召庞大将军查问，臣下的心思庞大将军最清楚。请大王明鉴！"

提到庞涓，魏惠王对孙伯灵的叛逆之心更坚信不疑。他喝问左右："还不执行是何居心？"

众卫士架起孙伯灵就走。孙伯灵强挣绑缚高声问魏惠王："大王可曾记得第一次召见我时所问的话吗？"

魏惠王召卫士止步，他倒要听听孙伯灵还有什么话可说。

孙伯灵说："上回大王问晋文公称霸诸侯的原因，我说他忠信、仁义、任用贤才，深得百姓拥戴。大王您深为敬佩、仰慕。那天，我话没说完，今天借这个机会告知大王。晋文公称霸以后，秦穆公怀恨在心，他想当霸主，可是晋国几位贤士还在。他便不敢轻举妄动，后来听说晋国那几位贤士死了，他便开始图霸大业。大王，文公失去贤士，穆公便图霸业，何况大王您呢？国中贤士匮缺，我孙伯灵慕名来投，今天却要杀我，谁还敢以贤士身份来投奔魏？别说图霸业，就是平平安安保全国土、保全宗庙不被别人挖掘恐也难了！"说完，孙伯灵仰天长笑。

魏惠王遭孙伯灵一顿奚落，怒火更旺，凶相毕露。他色厉内荏地吼道："拖下去！"

孙伯灵被拖到了门外，正遇庞涓提袍匆匆赶来。孙伯灵一见庞涓，泪如泉涌，高呼："贤弟救我、贤弟救我！"

庞涓急忙奔到跟前，惊问孙伯灵："仁兄啊！怎么会落到这种地步？"

左右人禀报庞涓："大王下令削去孙伯灵客卿之职，发军师府问罪。"

庞涓假意抚慰孙伯灵道："仁兄放心，我即晋见魏王，求魏王饶你性命。"说完，提袍快步跑上台阶，趋步朝宫内走去。

庞涓进宫后，看见公子卯正劝谏魏王道："父王，你既说孙伯灵是个人才，为何不用他的才智来为我魏国服务，而要害死他呢？孩儿无德，为孙伯灵求情，望父王饶他一命。"

魏王不悦，说："他有叛我之心，你还让我重用他，岂不是让我把国家大权交给一个存有二心的人？"

公子卯说："父王既然用人就不要怀疑他。孙伯灵既受任用则绝不会存二心。当年，父王如用公孙鞅，公孙鞅也一定如待秦王一样待父王！"

提起公孙鞅，魏惠王怒火中烧："当年，我没听公叔痤的话，没杀了公孙鞅，我已经犯了大错！你下去吧，我知道你跟公孙鞅是朋友。可是，今天这个孙伯灵是绝不可以再放走的！既然不为我所用，那就谁也不能用！他既然已经心存叛逆之心，我今天不杀他，来日他便可能统兵来灭我国。这是国家大事，是生死大事，你年纪尚小，不懂这些。父王不怨你，下去吧！"

公子卯伤心地哭着退了下去。

庞涓疾步向前跪倒在地，说："大王，庞涓乞求，请大王饶恕孙伯灵性命！"魏惠王圆睁双目，怒指庞涓："庞涓！你存心戏弄寡人吗？"

庞涓伏身在地："大王，臣下不敢。微臣忽听孙伯灵学到孙武兵法，且娴熟战场进退攻守妙机，以臣愚见，判他私通齐使之罪，刜掉他双膝髌骨，然后在脸上刺字，以墨涂面。他既为废人，便终身不能

误入陷阱

出仕当官，更无法远走大梁而奔他国，这样既能用他的智慧为我国图霸服务，又断绝他逃齐的后路，岂不是一箭双雕之计？微臣不敢妄自做主，因此特来请旨！"

魏王心悦诚服，连声说："妙计、妙计！"见庞涓仍跪不起，就说："元帅快快请起，庞卿果然智慧超群、谋虑深远。本王有你辅佐定能尽早成就霸业！"

庞涓领旨下朝，走回军师府，一进院子就虚伪地大声哭了起来。孙伯灵一听，便知情况不妙。庞涓进至房间说："仁兄，魏王在盛怒之下，非要将您斩首。小弟再三哀求，虽保住了仁兄的性命，可刑罚还是很重的。"

孙伯灵问："什么刑罚？"

庞涓说："刖足黥面！这是什么法度？没听说过！他魏惠王不听我的，那也休想让我庞涓听他的！什么刖足黥面，我不执行！"

孙伯灵听罢，万分难过，心想，早知有今天，莫若当初不下鬼谷山，伴随着先生和同学一起念书，那是何等快乐！本指望这次下山到魏国能够求取功名，怎料魏王生疑，身遭酷刑，这是何等让人伤痛的事！孙伯灵又忽然想起，在他离开鬼谷山时，师父给他算卦说"虽有残害，不为大凶"的话来，觉得自己的遭遇也许是命中注定、无可逃脱的，于是便对庞涓说："贤弟，魏王可以不听你的，可你不能不听魏王的。既然是魏王命用此刑，你赶紧叫人执行就是！"

庞涓一听，哭得更厉害了，说："仁兄，你可别这么说呀！你这么说，让小弟我心里难过。你想有小弟我在这里，哪能眼睁睁地让你遭受这样的惨刑？仁兄，你一定要听我的，快收拾东西，我送你马上动身逃回齐国，当机立断，事不宜迟！你走后之事，由我应付。魏王要是追问，由我去说，实在不行，我替仁兄服刑！"

孙伯灵越发感激庞涓了，深情地望了他一眼说："愚兄自下山以来，到魏国一年多，给贤弟添了不少麻烦，无以报答，却怎能连累你呢？我决不逃走。贤弟，什么也不用说了，你就赶紧叫人给我用刑吧！"

庞涓痛哭流涕说："不！仁兄，我于心不忍呀！你不逃走，我也替你服刑，决不能让你遭此大难！"

孙伯灵说："贤弟，听我的话，快叫人给我用刑！如果不给我用刑，"说着他指了一下墙壁，"我就要一头撞死！"

庞涓说："既然仁兄不肯逃走，又不让小弟替你服刑，唉！那只好请你暂时忍受痛苦，可……可就要给你用刑了。"

孙伯灵说："贤弟，不必犹豫，快去叫人！"

庞涓说："仁兄，小弟有几句话嘱咐。"

孙伯灵说："贤弟，请讲。"

庞涓说："仁兄，给你用刑以后，你就残废了，不过请你放宽心，有小弟我呢，生老病死，我负完全的责任！"

孙伯灵闻言，泪如雨下。

庞涓命令叫来刀斧手，将孙伯灵绑住，剔去其双膝盖骨。孙伯灵惨叫一声，昏了过去。又用针刺其面，刺成"私通齐国"四字，用墨涂黑。及至孙伯灵醒来，庞涓假意哭泣，亲自将刀疮药敷在孙伯灵的膝上，用白布缠上，然后让人把孙伯灵抬到书馆里疗养去了。

经过月余，孙伯灵伤口已愈合，只是膝盖骨已去，两腿无力，不能站立，只能盘腿而坐。

对孙伯灵用刑后，庞涓每日必至，好言安慰，好食调养。及至孙伯灵伤愈，庞涓仍不断嘘寒问暖，聊天为他解闷。

一次，庞涓忽然说："仁兄，弟有一点小事相商，不知可否？"

孙伯灵对庞涓的照顾，又是感激又是遗憾。他觉得自己孤身一人，如无贤弟，性命难保，又受照顾，怎不感激？又觉得自己已是废人，不能做事以表感激，怎不遗憾？他一听庞涓说有事相商，便回答道："贤弟请讲，有何不可？"

庞涓说："此事是在仁兄未受刑时，我就曾想求的。哪想到现在仁兄受如此酷刑，小弟再提，就于情不忍了。"

误入陷阱

孙伯灵说："正是我受了此刑，不能做事，只是白吃饭，空度日，还不如早死了呢！如还能做点什么，为贤弟聊表寸心，倒是巴不得！"

庞涓说："如此说来，就请仁兄谅解小弟的不恭了。仁兄刚见魏王时，就曾谈到孙武《兵法》，说还能记得。今年春天，魏王阅兵，仁兄摆阵，又说知此阵者，近代名将唯有孙武。仁兄未受刑时，曾答应多多讲述，传授小弟。现在受了刑，仁兄难免憋闷，不如把那孙武《兵法》写下来，倒也解闷，又能供小弟学习，岂不更好？"

孙伯灵说："咱们兄弟二人拜鬼谷子先生共学兵法，先生从一开始就给咱们讲了一句非常重要的话，贤弟该记得吧？"

庞涓用拳头击了几下脑袋，似在回忆，又似在自己打自己，说道："我这木头疙瘩太不中用！也是下山之后，事情太多，怎么就什么都记不得呢？"

孙伯灵说："先生不是说，学兵是为天下吗？"

庞涓说："对对对！仁兄一说我就记起来了，这是先生开宗明义就讲了的，还说是学兵最为重要的目的。"

孙伯灵说："是的，这是切不可忘记的呀！也是一切有为的兵家必须首先讲的！我的先祖在他写的《兵法》的开头，你知道是怎么说的吗？"

庞涓说："怎么说的呀？"

孙伯灵说："我先祖《兵法》的第一句就是：'兵者，国之大事，死生之地，存亡之道，不可不察也。'这不也就是说，学兵是为国家吗？"

庞涓说："讲得太好啦！仁兄一定要为小弟写下来，仁兄背得这么熟，肯定是能全写下来的。"

孙伯灵说："我身受此刑，于己无憾，但最为可憾的就是，不能将所学的兵法，用于天下和国家了！师弟今天要我把我先祖的《兵法》写下来，这是好事，我不能用它来为天下和国家做事了，但不是还有贤弟你吗？你若能用它来为天下和国家做事，不就可以弥补我的遗憾了吗？"

庞涓一听，跪到地上，向孙伯灵下拜说："仁兄啊，直至今天，我才知你是如此一位高人呀！那么，你一定要把孙武《兵法》写下来啊！"

孙伯灵连忙招手示意说："请起请起！兄弟之间，何必如此？我为贤弟写下来，可刚才说的，请贤弟一定答应我。"

庞涓听他还未说出答应的话来，仍然不起，说："小弟这不已经答应你啦？"

孙伯灵说："刚才我说的学兵是为天下、为国家的大事，就是说绝不是为个人的事情，这一点贤弟一定要牢记心间。"

庞涓说："小弟若要忘记，宁死于乱箭之下！"

孙伯灵说："还有一点，是我受刑后才想到的，不讲不快。"

庞涓猛地一抖，担心用刑之事被他识破，只好硬着头皮说："请讲请讲！"

孙伯灵说："我孙伯灵一心辅助魏王，决无通齐之想，但给我黥面'私通齐国'，蒙此深冤大辱，真不如死掉的好！我又能怪谁呢？怪只能怪我糊涂！想当初贤弟下山时，我求贤弟引荐，后来投奔魏王，心里想到的都不离'功名'二字，那是对魏王存在着幻想呀！临刑之前，又烦贤弟说情能免于一死，那是对魏王存在着惧怕的心理呀！受刑后经过苦苦思索，反觉得应该感谢魏王，正是他的这一重刑才使我清醒过来啦！我不想再活下去啦！所以我一点也不惧怕魏王啦！你说我是个高人，不，要说高人，鬼谷子先生才是高人，我哪能配啊？我不是高人，但我想做个真人，只有不怕死的人才能做真人啊！要做真人，就要讲真话。我有一句真话，请贤弟向魏王转达：他如此对我，失掉我一人之心事小，失掉天下人之心事大啊！"

庞涓说："一定转达！一定转达！"

孙伯灵说："贤弟要转达的话，还要细加解释，让他明白。我这样说并不是为了出一口气，而是替魏王着想，是为了魏国呀！正是为了这句话，这几天我想起鬼谷子先生的一段话来，他在给我讲解我先祖《兵法》开头的那句话时，讲了这么一个故事：周武王去讨伐商纣王，军队驻扎在共头山，忽然风雨大作，迅雷骤响，连军旗杆都被雷击断了，给周武王驾车的人都害怕得要死。这时，姜太公说，'用兵的事情，顺着天意未必吉，逆着天意未必凶。然而，要是失去人心，军队必然失败。那天道鬼神，是看也看不见、听也听不到的东西，所以聪明人是不会信的，只有愚蠢的人才信。可是如果任用贤士能人，办事符合时机，那么不看天时事情也会顺利的，不靠占卜事情也会吉祥的，不用祷告祖宗也会有福的'。于是便命令部队前进。可是周公不同意，说：'现在天时逆着太岁了，烧热的龟甲呈现出凶兆，占卜也不吉利，星宿凶恶地降下灾来，请还是退兵吧。'姜太公听了发怒了，说：'现在商纣王剖出了忠诚的王叔比干的心肝，囚禁了贤德之人箕子，用奸臣飞廉主持朝政，讨伐他有什么不可的呢？你那些占卜的玩意儿，不过是些枯草朽骨罢了，怎么可以根据这些就知道要退兵呢？'于是姜太公烧了周公的龟甲，折断了周公的草棍，就率领部队渡过了汜水，周武王紧紧跟随，就这样一举灭掉了商纣王。由此可见，天道鬼神信也无用，真正有用的还是像姜太公这样的贤人啊！姜太公又贤在哪里？还不是他看准商纣王失去人心吗？所以，我孙伯灵如果不死，就等着魏国失败的那天到来！"

庞涓跪在地上，早就全身哆嗦起来，等孙伯灵说完，忙答："仁兄把孙武的《兵法》写出，供魏王览阅，不就匡正他了吗？我会从旁进谏的。"

孙伯灵说："我的话你能全部转达给魏王吗？"

庞涓说："仁兄放心，小弟如不转达，甘愿死于乱箭之下！"

孙伯灵说："好吧，我就从明天开始给贤弟写吧。"

庞涓赶忙起立，向门外唤道："诚儿，进来！"

应声进来一个男孩，庞涓指着他对孙伯灵说："这是我的书童。你一写起来就忙了，我特派他伺候你。"他让诚儿给孙伯灵请了安，又说：“你住这外院太乱，后面小院清静，搬到那里去吧。”

庞涓让人帮孙伯灵搬到后院两间房中，孙伯灵住里间，诚儿住外间。第二天，诚儿拿来竹简笔墨，孙伯灵便开始写《兵法》，终日不辍。写得累了，便与诚儿聊几句天。他见诚儿前发齐眉，后发盖颈，脸蛋雪白，嘴唇通红，不爱说话，一乐两个小酒窝，煞是好看，令人喜爱；然而衣着朴素，身上青布衣，脚上青布鞋，没穿袜子，露着光脚面，这令孙伯灵很是同情。

“几岁啦？”孙伯灵问。

“十三。”

“姓什么？”

“姓徐。”诚儿接着又说，“孙先生，军师让我伺候您，您洗脸、漱口、吃饭、喝茶，我可就全都包下来啦。您有什么事都告诉我，我帮您办，好吗？我做得不好，您就说我，可别跟我生气，好吧？您跟我生气，您的腿不是就该疼啦？”

“哈哈哈……真是好孩子！好吧，那你就伺候我吧。”

孙伯灵写书，只能在炕上放一小炕桌，盘腿伏案，好不艰难。到了冬天，便在炕前放个高凳，凳上放个铜火盆，笼着炭火，倒也暖和。每天清晨，孙伯灵只要一起床，诚儿就送上洗脸水、漱口水，然后沏上茶。孙伯灵把口漱过，并不喝茶，就唤诚儿：“快拿竹简来。”诚儿送上竹简，他就一直写到吃早饭，总是顾不得喝茶。吃完早饭又写，直至午饭时，又是忘了喝茶。午饭后诚儿换上新茶，提醒说：“可别忘了喝茶。”孙伯灵说：“我随写随喝。”但到晚饭时，一杯茶仍是未喝一口。

如是几天，诚儿发现他总未喝上一口，不免纳闷。慢慢地，他便悟出了因由。孙伯灵总是很少小解，及至呼叫，诚儿帮他，发现他已憋到极点了。因此，诚儿便觉得孙伯灵是个少见的大好人。孙伯灵把喝茶的工夫都用在写书上，乃至吃饭也是如此。常常是诚儿把饭端来，左催一回，右催一回，都等凉了，他还不吃，诚儿只好抢过竹简来逼

误入陷阱

他吃饭。纵然如此，每天也写不了多少，因为盘坐一久，腿疼难耐。写得久了，他就放下笔来，伸伸两腿；伸得久了，两腿也疼，就盘腿再写。连诚儿在旁都替他难受，总是劝道："孙先生，看您累的！明天就别写了，歇一天吧。"孙伯灵说："唉！孩子，你不懂啊！庞军师不是等得着急吗？我得赶紧写呀，写完了我也踏实了。"

孙伯灵动笔已有十几天了。这天午饭后，庞涓到了军师府。"孙先生一天能写多少书？"庞涓问诚儿。

"他每天一起床就写，茶凉了也不喝，饭菜凉了也不吃。好容易劝他吃完了，又接着写。就是这样，一天也写不了多少。"

"为什么？"

"他腿疼啊！写一会儿就得歇一会儿，累得不得了。我让他歇一天，他也不歇。"

"哼！我让你去，不知你好不懂事！"庞涓两眼一瞪，吓得诚儿一哆嗦，"告诉你吧，以后你要催他快写。他要写，更不准你拦他。听明白了没有？"

"那……军师！您不是心疼他吗？"

"小孩子家懂得什么？让你催他写，你就得催！"

诚儿在回去的路上，心想，庞军师和孙先生都说他小孩子不懂事，但他觉得味儿完全相反，孙先生要快写，完全是为庞军师着想；庞军师要孙先生快写，却一点儿也不为孙先生着想。再说，孙先生可亲，庞军师可怕……他无心回到孙先生的身边，就想着转到家中跟父亲说一下。父亲是庞军师的跟差，庞军师要找一个孩子伺候孙先生，是父亲把他推荐给庞军师的。当庞军师选定他之后，父亲很高兴，对他说："孩子，你可要好好伺候孙先生，代父亲给孙先生表一点心意，父亲才能心安。"今天他见庞军师如此，和父亲根本不同，他不能不告诉父亲一声儿。

他走着走着，不觉来到了家门旁，进门便听见父亲和人说话的声音。诚儿知道家中有人，便驻足细听。

父亲说："我说大哥，可不是我喝多了酒跟你说这话，有话就得让我说，你不让我说，我心里憋得慌!"

"得了，得了!我没告诉你吗，酒要少喝。喝也就喝一点，千万别喝多了。你看你，现在喝成什么样子了?"

"我喝也没喝多……"

"还没喝多呢，听你说话，舌头都短了!"

诚儿一听父亲又喝多了，心中更急。

"以前我喝二两就多，现在喝四两也不多!"

"干吗要喝四两?"

"我成心往多里喝。"

"怎么?不活了?"

"一醉解千愁，心里有话，不说憋得慌!"

"那你就对我说吧，说什么都可以。对别人可不要说歹的!"

"我说的不犯歹，我就是说庞涓这小子才真是歹毒啊……"

诚儿一听父亲称庞军师"小子"，不禁毛发倒竖。又听那和父亲说话的人忙打岔说："你看你!这话还不犯歹?幸亏这是哥们我听见啦，要是让别人听见，给你一报告，看你受得了!"

"谁愿报告谁报告，我敢说敢当!说了就不怕，要怕就不说，就是报告了，顶多还不是割下我的脑袋?大哥!不瞒你说，我这脑袋长到脖子上，我老觉得别扭!要是把脑袋割了，走道儿倒还轻松!"

"瞧你这酒喝的，这不都是胡说吗?"

"什么胡说?我就说庞涓这小子办事歹毒!小子歹毒，把我也拉下了水。他瞒天瞒地，可瞒不了我徐甲。"

"得了得了，这事你说过八百回了，车轱辘话怎么还提?"

"说八百回还得说，要让人人都知道，也要让孙先生知道。孙先生知道了才能识破庞涓这小子是他的啥朋友。孙先生真是让人又可怜又可气!可怜他受了这样的刑罚，可气庞涓这小子害了他，他却还当庞涓是朋友。庞涓这小子还不是装成他的朋友，才从他口里套出了他哥哥名字，又让我冒充齐国的商人去给孙先生送他哥哥的书，才诓出了孙先生的回信，庞涓才能拿着这封信在魏王面前胡说八道，把孙先生害成这个样子！现在庞涓这小子只等孙先生把兵书写好，早写好早断饮食，晚写好晚断饮食，再把孙先生害死！当初庞涓这小子只说让我冒充齐国的商人去给孙先生送信，哪知他有这样歹毒的心呀！要想人不知，除非己莫为。庞涓这小子瞒天瞒地，瞒不过我徐甲啊！我瞧着孙先生落到这步田地，心里难过，觉得我徐甲也有罪呀！我没办法赎罪，只好打发诚儿去伺候孙先生……"

诚儿再也听不下去了，心如汤煮，无心再见父亲，就转身出了家门，急忙回到书馆后院，一望见孙伯灵就眼泪巴巴的。

孙伯灵正伏案写书，抬头看见诚儿，便问："怎么哭了？"

"没有！"诚儿说着，就抹起了眼泪。

孙伯灵被逗笑了，说："看看，眼泪都出来了，还说没哭！是军师说你什么了吧？"

"没有！"

"那么军师找你有什么事？"

"军师找我……"诚儿开了口却又把话咽回去了，心想军师找我催你快写，写完就不给你饭吃，要把你害死了，这话怎么也出不了口啊！这事他一听就觉得可怕，他怕孙先生这样的好人将来遭到那样的惨状，因而怎能忍心说出真相呢？他更觉得庞涓可怕，他怕说出口来而让庞涓知道，庞涓还能轻饶他吗？

孙伯灵见诚儿吞吞吐吐的样子，觉出他心里肯定有事，就收敛笑容说："孩子，有什么委屈可要对我讲呀！庞军师要是委屈了你，他可是我的朋友哟，我就要说他。"

诚儿心里就更不是滋味了，忙说："没，没！庞军师找我，就是问问您的腿疼没疼？精神好不好？……就这个。"

孙伯灵又露出温和的笑容说："我说他是我的朋友！"

诚儿心情复杂地说："我知道他是您的……朋友！"

夜里，诚儿只觉得怕，翻来覆去睡不着，便想了一个主意：自己救不了孙先生，可以想办法让他多活几天。总搅和他，老不让他写，他就得晚几天写出来，那不就可以多活几天？

第二天早晨，诚儿给孙伯灵送上洗脸水、漱口水，然后又沏上了茶。孙伯灵洗漱后，就要诚儿摆炕桌，拿竹简。诚儿摆上炕桌，却把茶端上来，并不拿竹简。

"孙先生，茶刚沏上，您先喝茶，要不茶就凉了。"诚儿说着就要倒茶。

"不喝茶，快拿竹简来。"孙伯灵接着茶壶说。

"您不喝茶，我就不拿竹简。"诚儿淘气地说。

孙伯灵被逗笑了，说："你这孩子，成心搅和我。好好好，那我就喝碗茶。"

诚儿倒了一碗茶，孙伯灵忍着烫，很快就喝完了。

"行了吧？快拿来。"

"先等等。您一写，我在旁边怪闷得慌，又不敢跟您说话，您一说话写错了，又该怪我了。我不给您拿，您给我说个笑话吧。"

孙伯灵想，这孩子才十三岁，正是贪玩的时候。我在这儿写书，他走吧，又怕我喊他有事；不走吧，可真闷得慌。孙伯灵很是喜欢他，便说："好吧，我给你讲个笑话，你可得给我拿。"

孙伯灵讲了一个笑话，诚儿仍不拿，又说："孙先生，您讲得真好，我真爱听。"

"行啦，别磨蹭啦！给我拿来吧。"

"您再给我说一个。"

"瞧你这孩子，怎么这么淘气！"

"您再给我说一个，我就给您拿。"

孙伯灵只好再讲一个，完了说："行了吧？"

"快晌午了，我去瞧瞧饭好了没有。"诚儿说完就出去了。

孙伯灵抬头看看窗外的天色，觉得还不到吃饭的时候，诚儿出去干吗呢？一等二等也不回来了。

诚儿在院子里耗到了时候，到厨房端来饭菜摆到桌上，说："孙先生，您瞧瞧，饭菜好了，快吃吧！"

吃过饭后，诚儿仍和上午一样，又是催着孙伯灵喝茶，又是缠着孙伯灵说笑话，就是不给拿竹简。

孙伯灵说："这孩子，怎么变得这么淘气啊，给我搅和了一上午，我半天没有写上一个字。快快拿来竹简吧，再不拿我可要生气了！"说完故意把脸一沉，装出真的生气了的样子。

诚儿再也无法搅和了，只好拿来了竹简，一赌气连写了的带没写的，就一块儿全都拿了来。他觉得，那条条竹简就是条条毒蛇，就要一齐去咬孙先生！他耳边又响起了父亲昨天酒后说的话……他手里拿着竹简，脚步沉重极了，把竹简往小炕桌上一搁，不禁觉得那条条毒蛇一下子都飞舞了起来，他惊怕得大叫一声，就昏倒在地上。

孙伯灵见状，无限慌张，又不能去拉，只有火急连声地呼唤着："诚儿！诚儿！……"呼唤一阵，诚儿醒来，爬起来却扑到孙伯灵的怀里号啕大哭。孙伯灵心疼地拍着他说："孩子！你这是怎么啦？从昨天庞军师把你叫走，回来你就不一样了。这到底是为什么呀？"

诚儿止了哭，望着孙伯灵说："孙先生，我……我瞧着您，心里就难过……"

"啊？瞧着我，你心里就难过？"

"嗯！"

"看我脸上刺了字，腿上受了刑，你难过呀？"

"是因为这个……也不是因为这个……"

"你这孩子，干吗吞吞吐吐的，到底为什么呀？"

"我没法说……我不敢说！"

孙伯灵抚摸着诚儿的脸蛋，又拉着他的小手，安慰他说："孩子，大胆些，不要怕，不管有什么话，你只管对我说。"

"孙先生……孙……先生！"诚儿一开口，就又号啕大哭起来，

绝世奇才 孙膑

"我父亲对您……有……有罪！"

孙伯灵一听笑了起来，又拍着他说："孩子！你傻了，还是疯了？你父亲又没见过我，他怎么会对我有罪！"

诚儿由号啕转为啜泣说："不！孙先生，我没傻，也没疯，我要把真话告诉您。父亲说他也要把真情告诉您。"

"你父亲是谁。"

"孙先生，您先等一等，我到外面瞧瞧去。"

诚儿走到屋外，见院中无人，才转身进屋，搬个小凳放到床前，坐在上面，两手扶住孙伯灵的腿，两眼望着孙伯灵的脸，两道泪水又止不住地淌了下来。

"孙先生，您还记得有齐国的商人给您送信吗？"

"记得，是有一个齐国商人给我送信，他叫丁乙。"孙伯灵很是奇怪，一个小孩子家怎么会知道这事？肯定有文章！"那又有什么？"

"那人给您送信，您就信他真是齐国的商人吗？"

"啊！不是齐国商人，那该是什么人？"

"孙先生！"诚儿趴到孙伯灵的腿上失声痛哭起来，"那就是我父亲呀！我父亲名叫徐甲，不是丁乙。"

孙伯灵神情愕然，只是轻轻地拍着诚儿。

"昨天庞军师把我叫去，让我催您快写。我说'他腿疼，你不是心疼他吗？干吗催他快写？'他瞪眼就把我轰了出来。我父亲是他的跟差，我要问问父亲，庞军师到底为什么这样。我进了家门，还没进屋，就听到父亲在屋里与人说话。他喝多了酒，就什么话都说了，都是我没听说过的。他说，庞军师叫他诓出了您的回信，然后在魏王面前胡说八道，说您私通齐国，把您害成这样。现在是为了得到您的兵书，您早写完就早断饮食，晚写完就晚断饮食，反正要把您害死。我父亲觉得他也对您有罪，才让我来伺候您。我昨天知道了这些，不忍心告诉您，又害怕庞军师，今天上午就跟您胡搅和，让您写不成。让您多耽搁一天，不就多活一天？可我父亲也说，这事也要让您知道，您才

误入陷阱

105

能明白庞军师是您的什么朋友。您不要再蒙在鼓里啦！孙先生，我给您说了，您可别难过！"

孙伯灵听着听着，不禁眼发黑，心发乱，就觉得自己的脑袋有如车轱辘般大小。听诚儿说完，他愣了半天，连一句话也说不出来。他想，要是没有诚儿这番话，他岂只是蒙在鼓里，简直是在梦中！自己拿庞涓当好朋友，当亲兄弟，没想到正是庞涓把自己害成这样！

诚儿又说："孙先生，您不是劝我什么也不要怕吗？您也什么都不要怕！您就往宽里想，反正慢慢地给他写，您就老也写不完，不就老也不死了吗？您要是有认识的人，我就去给您送个信儿，好把您救走。"

"孩子，我谢谢你！"孙伯灵爱抚地摸着诚儿的头，"起来吧，孩子。"

"那您还写不写？"

"孩子，我不写！"

"您要不写，我把这拿开。"诚儿指着竹简说。

"先不用拿。诚儿，你先到外头玩一会儿，我心里乱，休息休息。"

"好吧，您就躺一会儿吧。"

诚儿把竹简放在床头，搬走炕桌，就走出了屋。

孙伯灵呆呆地坐在床上，两眼发直。他万分难过，恨自己有眼无珠，交朋友竟交了这么一个无义之徒！他非常后悔，想当初由鬼谷山下来的时候，师父不是没有嘱咐，念的那首卦辞，说自己是"菊"，庞涓是"霜"，"菊霜之系，譬如参商""水火相生，相克乃刚"，这不正是最好的嘱咐吗？自己来到魏国，怎么就把师父的嘱咐忘记，而仍然完全相信庞涓呢？只是到了此刻，他才明白师父为什么要念那首卦辞来作为对他的嘱咐了。他想起师父的嘱咐，心里反而平静了许多，头脑也清醒了许多。本来，他受刑之后，曾被这冤枉和侮辱压得不想活下去了，可是，庞涓要他写先祖的十三篇《兵法》，他觉得自己残废了，正好可以将先祖的《兵法》传给庞涓，让他用来为国家、为天下领兵打仗，发挥先祖《兵法》的作用，也不枉自己苦学了一番。但是诚儿的话使他认清了庞涓竟是一个嫉贤妒能、阴险奸诈之徒，他又痛不欲生了！然而，想起师父的嘱咐，要"学为天下"，不能"空学一生"，更不能对先祖的《兵法》空学一场，他不禁冷笑一声，自言自语道："你庞涓终将如何？'待霜为涓，菊乃其芳'，师父在卦辞中不是已这样说了吗？"他在平静中决心死里逃生，脱离险地，而且也想好了保护诚儿的计策……

 装疯保命

"孙先生！趁着菜热，您快喝一杯吧。"诚儿指了指小炕桌上热气腾腾的四盘菜肴和亮光闪闪的一只酒杯、一个酒壶说。话音里充满愉快，神色中充满自豪。他终于将憋在心里的话倾诉在孙先生的面前，就愉快起来了。他见蒙在鼓里的孙先生终于明白过来，便让厨房特意备了一壶酒，因此他很自豪。

孙伯灵坐在炕上没有反应，好像没有听见，一声不吭，两眼发直。诚儿瞧着，觉得他还在生气，又劝道："孙先生，您别想那些事啦，您就往宽里想。"

孙伯灵还是不言语。诚儿就用手推他："孙先生，快喝！"

"好啊！哈哈哈……"孙伯灵突然扭头，大笑起来。

"孙先生，您怎么了？"诚儿见状，怪害怕的。

"好大胆！你拿毒酒害我，当我不知道？哈哈哈……"

"孙先生！"诚儿又急又怕，拼命摇着他的膀子，"谁拿毒酒害您了？您这是怎么了？"

孙伯灵一脸怒气，把拳头举得高高的，把诚儿吓得退了几步。

"哈哈哈！我看你往哪儿跑！"孙伯灵笑着，一伸手抄起酒壶，望着诚儿的方向扔了过去。但却不是往脑袋上打，而是打得很高，诚儿一抱脑袋"哎哟"一声，同时酒壶也"咣当"响了一声，扔在门框上摔碎了，酒流了一地。

孙伯灵回过头来，又一伸手，将床头间那些竹简，连写好了的带没写的，一把抄起，全都扔进了床边的炭火盆里，立时"呼呼"地就烧了起来。孙伯灵的计策是很绝的，这些竹简当然要烧，让你庞涓连一个字儿也不能得了去！

"咣当"又是一声，诚儿猛回头，见孙伯灵将那炕桌从床上掀到了地上。他的长发整个儿披散开来，身子歪倒在床沿，往外一翻，"咕噜"就翻到了地上，连菜带饭，连汤带酒，弄了一身。他又抓起那菜呀饭呀的一抹脸，又笑又叫："哈哈哈……诚儿，诚儿啊！好……好孩子呀，快快去喊庞军师，我们兄……兄弟俩一同饮酒，哈哈哈……"

诚儿吓得大哭，高声喊道："了不得啦！孙先生疯啦，快来人呀！孙先生疯啦，快来人呀！"他一面喊一面跑，一直往庞军师府上去了。一进前院，他更是吊起嗓子喊道："军师爷，军师爷！了不得啦，孙先生疯啦！军师爷，了不得啦！……"连喊带跑地又进了后院的门。

庞涓刚刚吃完晚饭，一听诚儿喊"孙先生疯啦"，大吃一惊，又很奇怪，便赶紧从屋里出来，高声问道："诚儿！你喊什么？孙先生疯啦？"

诚儿跑到庞涓跟前，连声说了孙伯灵刚才的情况。庞涓听到已经写好的竹简又被孙伯灵扔到炭火盆里烧了，气得牙齿都咬得咯吱作响，又问道："昨天我跟你说话之后，你回去跟孙先生说什么来着？"

"军师爷，我什么也没有说！"诚儿显出真诚的样子，目光直直地盯着庞涓。

"我不信！"庞涓眼睛瞪成铜铃，闪出两道凶光，也直直地盯着诚儿，"孙先生为什么早也不疯，晚也不疯，偏偏是在我跟你说话之后疯了？肯定是你跟他说了什么了。还不给我说实话！"

"我可是什么也没说呀！"诚儿急得流下了眼泪。

庞涓见逼不出诚儿什么话，料他这么一个孩子，又不知就里，也不至于会说出什么，便眼睛一转，收起那两道凶光，换上温和的脸色说："你看孙先生是真疯还是假疯？"

诚儿的紧张仍然不减，依然抹着眼泪，无限委屈地说："军师爷，您要不信，就自己瞧瞧去！"

"来人！"庞涓立即喊了一声，来了四个当差的，拥着庞涓，诚儿随后，来到书馆。一进后院，就听屋里传出了孙伯灵拍手唱歌的声音：

第三章

误入陷阱

> 嘭嘭嚓呀锵锵咚！鬼谷山上在练兵。
>
> 摆八阵的是黄帝，占八卦的是周公。
>
> 咚锵锵呀嘭嘭嚓，天下分错如乱麻。
>
> 黑为白哟凤为鸡，虎任狗欺落平沙。
>
> 嘭嘭嚓呀锵锵咚，咚锵锵呀嘭嘭嚓！

庞涓细听了，顿觉毛骨悚然。孙伯灵唱的这字字句句，他都能悟其意，他自下鬼谷山后的所作所为，都被这寥寥数语戳穿。"嘭嘭嚓""锵锵咚"，声声如鼓似雷，把他的耳朵都要震破了；"咚锵锵""嘭嘭嚓"，字字如镖似箭，把他的心都要射穿了。

孙伯灵唱罢一遍，便放声大笑，笑得累了，重新再唱。

庞涓还要再听一遍，他怀疑孙伯灵的疯不是真的，想断个究竟。四个当差的都嬉笑说："哈哈，唱的个什么！一听就是疯子！疯子！"诚儿听了，觉得孙先生竟疯成这样，心中更加难过了。

庞涓又听一遍，越来越怀疑孙伯灵的疯不是真的了，便带当差的进屋细看。进门往里间一瞧，东西七零八落，狼藉满地；孙伯灵蓬头垢面，盘腿而坐，仍在拍手唱着。他扭头看见庞涓来了，立即由唱歌转为大笑，说："啊！哈哈……鬼谷子先生！先生您好！"说着就趴在地上，磕头不止，一面磕却一面大哭起来，"先生啊！您怎么来了？您是救我来了吧？"

"喂！疯子，我才是你的先生呢，给我磕头呀！"一个当差的挤眉弄眼地说。

"军师爷！您看看，是不是疯啦？"诚儿在庞涓身后说。

孙伯灵磕完头，又盘腿而坐，见庞涓并不理他，便转哭为笑说："先生！您不认识我啦？我是您的弟子啊！"

庞涓也"嘿嘿"一笑，回答说："仁兄！你连我都不认识啦？我是你的小弟啊！你要我救你，我怎么才能救你呀？你若真要我救，还是听我劝上几句吧。世上最可怕的是什么呢？那就莫过于人言了。请仁兄听人言一定要听真言，可不要去听传言，更不要去听闲言。不管你听何言吧，总之一句话，何必自己糟蹋自己啊？你看你把自己糟蹋成什么样子啦！如果你能听我的劝告，你的疯病马上就会好的，对你也就会利多弊少，否则就是弊多利少了！你要知道，小弟并不糊涂，是有办法来治疯病的！"

孙伯灵木木地坐在那里，直直地看着庞涓，看着看着，又有板有眼地吟唱起来。

吟唱完毕，又手指庞涓说："先生！你说我疯了，是你疯了，还是我疯了？我看你才是疯子啊！哈哈哈……呜呜呜……"于是，他笑上一阵，哭上一阵，哭完了笑，笑完了哭。真是令人啼笑皆非！而孙伯灵哭为真哭，笑为真笑。他哭的是自己看错了人，交了庞涓这样的不义之友，庞涓下山后先生给自己指出庞涓不可相信，自己还是相信庞涓，以致被他害得如此，追悔莫及；他笑的是自己的计策尚见一效，你庞涓尽管机关算尽，终究还是来此，听我唱了那首歌，戳破了你的机关，说什么你会治疯病，这是在说我是假疯啊！这一点你的确是猜对了！我是假疯，你才是真正的疯子，且是又疯又狂，疯狂至极，不可救药，看能疯狂到何时！

庞涓听了他的吟唱，如刀临头，似箭穿心，又慌又怕又气恼，便厉声说："我看你还真是神志不清，一派胡言，疯得不轻哩！既然如此，那我就给你治上一治吧！"回头看了看四个当差的，命令说："来啊！把他抬出去，扔到后院猪圈里，看他还能疯到哪里去！"

四个差人一时却犹豫起来，谁也不忍动手，只是你看看我，我瞧瞧你，那意思分明是说：军师呀，你可真够狠的！现在他疯了，又是残疾人，让人瞧着就够可怜的啦，你怎么还要把他扔到猪圈里去呢？况且他又是你的师兄呀！现在你对师兄都是这样，将来有朝一日对我们当差的，那让人还敢去想吗？

庞涓见四个差人犹豫，就发火说："怎么还不动手！"

四个差人内心虽同情孙伯灵，然而行动上岂敢违抗庞涓，只得走进里间，两人抓住孙伯灵的手腕，两人攥住孙伯灵的脚脖子，穿门出屋。

孙伯灵闭起眼睛，任其发落。

庞涓紧紧相随，如当押差。

四个差人搭着孙伯灵，穿过后院后门，进至小院。小院一边是一猪栅，内有书馆养的肥猪两口，虽是冬天，也臭气熏人。到了猪圈旁边，四个差人驻足，却又都犹豫起来，一齐回头看看庞涓，好像是求庞涓回心转意，发发善心。庞涓瞪着眼睛，发话道："扔！"四个差人手抖动着，就把孙伯灵隔着栅栏扔到猪圈里去了。

孙伯灵落在一汪粪水之中，忍着疼痛，睁开眼皮，折起身子，撩把粪水，抹了一脸，高声笑道："多谢先生相救，把弟子送到这天堂之中！"两口猪受惊吓叫起来，孙伯灵又笑道："天神天神，请多多关照，自今日起咱们为伴了！"

四个差人一扔孙伯灵，庞涓就拔腿而逃。逃至门旁，听见孙伯灵又笑又说，便驻足细听，听完孙伯灵的这两句话，不禁心惊胆战，回头瞟见孙伯灵满脸粪水，就觉得像魔鬼一般，更是魂飞魄散，便快步出门，落荒而逃了。

四个差人扔了孙伯灵，于心有愧，不忍立即离去，听孙伯灵又说又笑，更生恻隐之心，等庞涓落荒而逃，便齐向孙伯灵磕头告罪，然后才追庞涓去了。

这时，天色已晚，暮色笼罩。忽然传来诚儿的哭声，从后院后门闪出他的身影。他跑到猪圈，身伏栅栏，失声痛哭说："孙先生，您好苦啊……"

随着诚儿的身影，书馆几个工友也拥至猪圈，七嘴八舌，对庞涓骂个不止。虽然他们不敢违抗庞涓的旨意，将孙伯灵救出猪圈，但商量出一个权变之策，用木料将猪圈一分为二，将两口肥猪和孙伯灵隔开，两间猪棚正好一边一间。工友们将孙伯灵这边的猪栅打扫干净，铺上干草，诚儿抱来被褥，搬来炭炉，然后去粪水中要把孙伯灵抬出，孙伯灵却不肯挪动，一直大笑不止。

工友们和诚儿没有办法，只好含悲离去。晚上，星斗满天，明月高照。孙伯灵仰望明月，叹息天上还有光明，而地上却是如此黑暗，自己为避大祸而诈疯魔，竟被困在这猪圈之中！他无比怀念山上的同学，他们能有谁知道我孙伯灵会遭此不幸而来救我一命？他无比怀念鬼谷子先生，他说当今天下的大势是天下分错，上无明主，因而贤人不用，圣人窜匿，贪利诈伪者做主，这一论述，现在从魏国看来竟是何等高明、何等正确啊！庞涓不正是一个贪利诈伪之徒吗？魏国正是因为有魏惠王这么一个昏君，是非不明，忠奸颠倒，所以庞涓才阴谋得逞，横行霸道啊！他想，就是一个国家，若战而无义，又能巩固政权并且保证富强，这样的国家天下是不存在的。而庞涓只不过是孤立的一个人，再横行霸道又能怎么样呢？所以他不仅恨透了庞涓，更蔑视庞涓，不相信庞涓能够横行到底，他要争取活下去，看到庞涓末日的来临！

斗转星移，约交二更，寒气逼来，孙伯灵不肯移身爬到猪棚里去，依然是坐在粪水中，因为他料定今夜庞涓还会监视、试探他的，他在时刻准备着。他与庞涓随鬼谷子先生共学兵法，此刻却为仇敌，于是他就用兵法的道理来对付庞涓。他突然想起他的先祖在《兵法》中所说的"人皆知我所以胜之形，而莫知吾所以制胜之形"这句话，他认为他的先祖在此说出了用兵的全部秘密，即战争的胜利是用可见的东西来制约可见的东西才取得的，但是高明的军事家取得胜利所用的那些可见的东西，并不是固定不变的，而是随机变化的，所以无人知道那些究竟是什么东西。他想，现在他对付庞涓就要随机变化，以便造成庞涓的错觉，使他摸不着头脑。

孙伯灵正在思量着对付庞涓的计策，只听从后门传来了脚步声，循声一瞧，果然有人向猪栏走来，借着月光，看清那人是差人打扮，鬼鬼祟祟、偷偷摸摸的样子。他环顾小院，见无别人，才敢走近猪栏。孙伯灵这才看清，他手里拿着一张烙饼。

差人轻声说："喂，喂，孙先生！我这人心软，瞧您这样，我真难过！您呀，真是让人害惨了，冤枉死了！我看您还没吃晚饭，给您拿张饼来，背着军师，谁也不知道。孙先生，您可是个大好人啊，来来来，快吃吧！"

孙伯灵一听，便暗暗庆幸事情果如自己所料：庞涓把我扔进猪圈，仍然是在试探我是真疯还是假疯。我若在他走后就爬出粪水，他会试探出我是装疯；我若现在就吃差人的烙饼，他也会试探出我是装疯。我既然是装疯，就要装得惟妙惟肖，滴水不漏，让世人皆信，也就是要造成庞涓的错觉。他忽然又想到用兵打仗的道理上去了。他认为用兵打仗的最大奥妙，就是千方百计造成敌人的错觉。他又想起先祖在《兵法》中所写的造成敌人错觉的办法，说"兵形似水""水无常形，能因敌变化而取胜者，谓之神"。孙伯灵想，自己现在是一个"疯子"，如果能使庞涓相信自己不是装疯，那么自己也就初步成功了！现在庞涓又派差人试探，那么就一定要使差人相信自己是真疯。

孙伯灵这样默默地想着，半天也没有搭话，只见那差人一只手拿着烙饼伸过猪栏，要递给他。他只抬了抬手，装出够不着的样子。那差人便往猪栏里面侧探着身子，探着探着，一只脚不觉离地，身子探进了半截，喘着气说："孙先生！孙先生您倒是接呀！"

误入陷阱

113

那差人的手已经伸到了孙伯灵的眼前，孙伯灵一抬手接过烙饼，随即用手带饼就照准那差人的腮帮子抽去，一下子把那差人抽了个倒栽葱，一头栽在猪圈的粪水中。孙伯灵狂笑说："你又用毒酒来毒我啦？我哪能吃？我吃这个！"说着抓起满把猪粪就往嘴里塞。

那差人吓得浑身哆嗦着，挣扎着爬起来，高声嚷着"疯子！疯子！"翻身滚出猪栏，直往后门窜去。原来庞涓在后门外等着呢，那差人窜到他跟前，小声说："军师爷，给他饼不吃，他吃那猪粪。你瞧把我打的，槽牙都活动了！"庞涓本不信孙伯灵真疯，想通过此举抓到证据，但没想到居然如此，也只得半信半疑了。

第二天，工友给孙伯灵送来饭，他虽然饿了，但也不吃，慢慢地从猪圈里爬出来。他静静地考虑了一夜，他想，装疯的目的是要骗过庞涓，争取活命，等待时机，死里逃生。如果仅是待在猪圈里，送来饭就吃，岂不是像猪一样，最后的结果还不是一死吗？所以装疯仅仅是死里逃生的第一步，第二步显然是要爬出猪圈。他见送饭的工友走后，没关猪圈的门，就从猪圈里爬了出来，爬过后院小门，又一点一点地爬到了前院大门……

"哎呀！疯子爬出来啦！"一个差人叫了起来。昨晚庞涓回去，又生一计，在书馆前院大门设岗，监督来人，来人如看孙伯灵，马上抓起来。这个差人就是第一个上岗的，还未见一个来人，却见孙伯灵爬了出来。

差人飞跑至军师府，报告说："军师爷，疯子爬出来啦！"

庞涓一听，嘴巴大张却难吐出话来，那素有的机灵劲仿佛一下子消失了，眼珠子转来转去，转了半天才说："爬出来就让他爬出来吧！他爱往哪儿爬就往哪儿爬，他还能爬出大梁城去？他还能爬出魏国去？他还能爬到天上去？他连膝盖骨都没有，不用担心他能逃跑，大不了就爬到街上吧。他要是爬到了街上，你们就派俩人在后面跟着，见有谁跟他谈话，就把谁给我抓起来！"

孙伯灵果然爬到了大街上。街上人一见是个疯子，满身猪粪，又爬着走路，于是那好奇的、爱热闹的便蜂拥而至，议论纷纷。

"这是什么人呀?"

"这不是孙客卿吗?"

"对对，春天不是还在东门校军场阅兵摆阵来着?"

"他摆阵，听说胜过庞军师，很受魏王的赏识!"

"唉! 还不是摆阵摆出大祸啦? 他是庞军师的同学，又是庞军师引荐来的，他超过庞军师，庞军师还能容他吗?"

"魏王不是出榜招贤纳士，正需要这样的人才吗?"

"需要人才? 看看吧，孙先生的膝盖骨都被剜掉啦!"

"看，那脸上还刺着'私通齐国'的字呢!"

人们瞧着说着，说着瞧着，越聚越多，越聚越密，就像观看玩把戏似的，把孙伯灵层层围在中间。孙伯灵耳听人们议论，心中暗暗欢喜，觉得机会来了! 他要抓住这一机会，让全大梁城都知道他确实疯了，不仅如此，还要微妙地揭露庞涓的伎俩，披露自己的冤枉。于是他盘腿而坐，便拍手唱起了歌。

唱过一遍，便仰天大笑，大笑一阵，再拍手而唱。围观者中有学问的人，听出了其中的深意，便向身旁的人窃窃私语，都感叹不已，大骂庞涓。围观者中的孩童，听了孙伯灵唱的，不解其意，只觉好玩，有的嚷叫道: "疯子! 疯子!"孙伯灵听到嚷叫，又开始唱了。

孙伯灵愈唱，孩子们愈觉好玩，有学问的人愈是叹息。

一群围观者散去，孙伯灵又爬; 又一群人围观，孙伯灵又唱。就这样，他唱唱爬爬，爬爬唱唱，不到半天，大梁城内便满城风雨，不少人都认识了孙伯灵，都知道他已疯了，都明白他是遭到了庞涓的陷害。

他爬到饭铺前，开饭铺的给他送来馒头，他接过来闻闻，说有毒药，就扔到地上。他爬到卖吃食的小摊前，卖吃食的不给他吃的，他却伸手抓来一把就塞到嘴里，这样才能显出他是真疯来! 他就这样在街上爬了一天，肚子也塞饱了，到了夜晚又慢慢爬回猪圈睡觉。

两个差人也跟了他一天，等他爬回猪圈，才去给庞涓报告。庞涓根据报告判断：孙伯灵果然是疯了，要是装疯，他怎么还能回到猪圈睡觉呢？他只可惜孙武的《兵法》未能到手，对别的一切却都心安理得，但仍对差人说："以后他再爬出来，你们只要在后头瞅着点就行了。"

齐国来救

又一日，孙伯灵爬到一户人家的矮篱前正要呼喊乞食，篱笆门开了，走出那位仙鹤老人。

孙伯灵掉转身体欲爬走，却被老人抱住。

老人问他："先生可曾与我见过一面？"

孙伯灵点头。

老人又问："先生怎么落得如此下场？"

孙伯灵正欲开口，却见老人环顾四周，他即刻明白，仍然有人监视他。他狠狠拽住老人衣袖把老人拖倒后又哭又笑地撇下老人，拖着身体爬走了。

入夜，孙伯灵被人推醒，借着月光一看，正是仙鹤老人。

老人说："先生，我早听说庞将军府有个姓孙的客卿被害致疯，却不知是你。看你聪慧过人，又受过鬼谷子先生真传，怎么会落到如此地步？"

孙伯灵满腹委屈无处可诉，满腹仇恨无处可说，他抱住老人哭了。

老人知道事情的大概过程之后，就安慰他说："附近有人监视你，万不可让他们看出你没疯。先生，有机会一定要逃出大梁城。"

孙伯灵无望地问："我还能逃出大梁吗？"

老人紧紧抱了他一下说："先生，你要坚强活下去，一定能逃出大梁。过几天我再来看你。"

又过了几天，老人为孙伯灵送来一双木头手抓凳，孙伯灵满街爬时，双手抓凳就免除了手心皮被磨烂的痛苦。老人又送来了一个酒葫芦，让他晚上冷时喝上一口以驱风寒。

孙伯灵靠着大梁城百姓的施舍和帮助，一日日活了下来。

隆冬里一个雪后初晴的日子，一个少年走近孙伯灵："孙大哥、孙大哥！"

孙伯灵痴呆地望着他。

少年说："孙大哥不认识我了？我是王团啊！我找了你好几天，我是来告诉你一件重要事情的。齐国有使者来魏国，你何不求他们救你回齐国呢？"

孙伯灵说："真的吗？"

王团说："大哥，我不会骗你！庞涓小人害你性命，朝里大臣都憎恶他，只是魏王太宠信他，一时还无法对他怎么样。"

孙伯灵想问齐使住在哪里，忽看见监视他的人又在远处晃荡。孙伯灵连忙把王团推倒在地，举起手抓凳就砍向王团，然后大笑起来。

王团爬起来，摸摸额头被砍出了血，心中又气又疑，只好离开。谁知，不等王团回相府，就有人把他"请"进了庞将军府。

王团被带到庞涓跟前。施了躬身礼后，王团问："元帅召王团不知何事？"

庞涓不语。

王团疑惑又问。

庞涓说："怎么，见了本帅不施大礼，只随便拜一拜就行了？"

王团只好跪地磕头而拜，却想起庞涓初下山时拜在他脚下，求他介绍认识国相父亲时的情景。

庞涓问："有人见你去会孙伯灵了。怎么样，他对你说了些什么？"

王团心中豁然亮堂，说："嗨，那个废人，一副傻相。我说我是王团，他却不认识我。我又说，咱俩在鬼谷山上见过一面呐，他就拿凳子砸我。你看，这里都让他砸出血了！"

庞涓看到王团额头上确有血痕。

王团又说："那个疯子，我以后再也不会理他！"心中却感谢孙大哥那一砍实是救他呐！

庞涓说："这样最好，这样最好！"又说了几句闲话就把王团放了。

入夜，孙伯灵爬进一堆乱草中睡觉。才迷迷糊糊就觉得有人推他，睁眼一看是一条无家可归的狗。他见暗夜中的狗全身黑色，竟无一点白色，就试着伸手摸它。那狗似乎懂他的意思，十分听话地卧在他一旁，并低低地呻吟两声，算是对身边这位陌生的同病相怜的人的招呼。

孙伯灵在心中叹息道：狗啊，在这漆黑的夜晚，你可是来与伯灵做伴的？你是否也知道伯灵用忠直、仁义换来的却是刖骨黥面？你是否也知道这个被众人垂怜的疯子并不曾真疯？你是否真的为伯灵带来了新生命的转机？

孙伯灵抚摸着狗，想起自己为明天留的一点高粱面饼子，就把它从怀里摸出来放在了狗的嘴里。狗早已饿得不行，张开大口便吞了下去。吃完又哼哼两声似向孙伯灵还要。孙伯灵拍拍它的头，轻声说："这还是街口那个大嫂给的，没有了。"

狗懂事地不再要，趴在前爪上睡着了。

大约在三更时分，孙伯灵悄悄离开狗，向街上爬去。他尽量把动作放轻，以免惊动了狗。可他还没爬出十步，那狗一跃而起追了上来。孙伯灵甩手拍了拍它的身子，狗便悄无声响地跟在他身后。

孙伯灵见无人跟踪，便径直朝仙鹤老人家爬去。昨天上午，他故意在老人家附近乞讨，因此，这会儿没爬多久，他就到了老人家外面的栅栏柴门前。推了推柴门没推开，他想一定是门从里面闩上了。欲起身将手伸进柴门解开栓扣，可是，他的身体不能站立，够了几次也没够着。欲喊老人又怕被别人听见，他无力地坐在门前，欲发不甘，欲哭无泪，不知如何是好。

那条黑狗懂了他的心思，一蹿就跃过栅栏门奔到院里。透过柴棍缝隙，孙伯灵看见那狗用爪子猛刨门板，把门板弄出挺大的声响。不一会儿，门开了，仙鹤老人披衣出现在门口。孙伯灵拍响了栅栏门，老人听到动静循声而来。老人透过门缝辨清是孙伯灵，赶紧打开门，四下张望了一阵后，慌忙把孙伯灵搀进家中。

老人唤出老伴要为孙伯灵烧水做饭，孙伯灵拦住了："千万不能生火冒烟，恐被人怀疑。"

老人无限感慨地说："孙先生受尽苦难，何不想法逃命，逃出魏国，有朝一日再报仇雪恨？"

孙伯灵说："感谢先生激励，我正为这件事相求于先生。"

老人说："如能救孙先生逃出大梁，老汉我就是搭上自己的一条性命也在所不辞！"

孙伯灵万分感动，他一个残废之人，又是一个四处乱爬的"疯子"，能够活到今天，不正是因为得到了许多像仙鹤老人一样的善良之人的帮助吗？孙伯灵却无以回报他们。他一个连路都爬不远的残疾人将来拿什么报答他们呢？他双手抱拳磕倒在地："老先生在上，我孙伯灵承受先生恩惠，却无以回报，请受晚辈一拜！"

仙鹤老人连忙将他扶起，说："提什么回报？你如能平平安安活下去就是对我的回报。"老人又问孙伯灵："孙先生可是听说齐国有使臣来大梁？"

孙伯灵说："正是。"

仙鹤老人说："你尽管放心，我一定为你说服齐使，让他与你相见。"

孙伯灵说："万不可白天来见，庞涓派人每天都监视着我。我必须马上出去。你让齐使夜晚三更时到城东井边找我，我在那里等。"说完之后，他就爬了回去，耐心地等待。

孙伯灵一整天没看见那条黑狗，心中惦记，不知它吃过东西没有，迷迷糊糊之时，又觉有人推他，以为那狗又来拱他，睁眼一看，却见一个人正俯身望着他。

见他醒来，那个人说："孙先生吗？我是齐国使者，我叫淳于髡！"

孙伯灵欲抓淳于髡的手，却忽然想起自己浑身肮脏，怎么可以随便碰齐国使者？他下意识地往一边躲了躲，生怕脏了那人。

淳于髡画像

淳于髡又说："先生莫惊。先生可曾记得墨翟先生？墨翟先生于半年前去了齐国，提及先生的德才，齐王和大臣们都很敬佩。欲请先生回齐国施展抱负，又听说先生到了魏国。前不久，忽然听说先生惨遭不幸，齐王便派臣下出使魏国，表面是来探望魏王，实则是寻找先生，接先生回齐都的。"

孙伯灵缩成一团。盼望已久的救生之船一旦驶近了，他又怀疑自己生命的真实来。

淳于髡说："孙先生请相信我。我知道先生心里明白。我不能在此长住，应酬完魏王，我就会带先生离开大梁。这一两天，请先生不要离开这里，我好派人来接先生。"

孙伯灵终于鼓足勇气问："是仙鹤老人告诉你我在这里吗？"

淳于髡说："正是。老人就在附近。庞涓派的人离这也不远，我该走了。"

孙伯灵突然伸出双手紧紧抓住淳于髡的手说："请先生一定要救我！"

一日，淳于髡从魏惠王的酒宴上往客馆走，已有了七分醉，几个侍从几乎是架着他上了客馆的台阶。

刚上台阶，庞涓在几个贴身侍卫的簇拥下已到近前。

庞涓说："淳于先生请止步！听说先生明天启程回国，我特为先生设家宴以备辞行，请先生一定赏脸。"

淳于髡靠在左右人的身上，含混不清地说："大将军相请，岂敢不从！只是淳于不才，怕喝醉让大将军耻笑。"

庞涓笑着说："淳于先生是齐王的贵宾，又被齐王拜为上卿。庞涓斗胆欲攀淳于先生为兄，怎敢取笑先生。庞涓实在是仰慕先生贤名，欲向先生学习辅佐大王的本领，请先生务必赏光！"

淳于髡听得眉开眼笑，胡子边往上翘边说："大将军如此看得起我，淳于髡岂敢有不去之礼！大将军带路，我在后面紧跟！"

庞涓的马车在前，淳于髡的马车在后，主客二人同进庞府，果然在后院已备下美酒佳肴、歌伎舞女。淳于髡一边说："明日恐怕昏睡不起，难以启程上路。"一边频频与庞涓举杯对饮。十几杯过后，只见淳于髡两眼发直，说话语无伦次，一会儿，靠在椅子上打起了呼噜。

庞涓对与淳于髡一同出使魏国的随从们说："淳于先生睡着了，你们载着他回齐国吧！"随从们应着驾车出了庞府。

淳于髡刚走，庞涓就派差人去观察孙伯灵的动静。差人从庞府出来，直奔井边，老远就看见那里围着很多人，他挤进去一看，疯子还在那儿呢，转身就回来了。

回到府中，差人报告了疯子的情况，庞涓这才放了心。

可第二天却听有人回报说孙伯灵不见了，只留下了一身脏衣服，庞涓听报，怀疑孙伯灵投井而死，让人打捞尸首，却没有发现，又连连寻访，也没有找到。庞涓担心魏王会责备他，便嘱咐左右给魏王回报孙伯灵投井而死，也不敢怀疑他被淳于髡救走了。

其实那日只是淳于髡身边的一个随从，他把绾着的头发打开，往前披散着，又用泥把脸上抹脏，低头盘腿而坐，总算没有露出马脚。这样顶了一天，好不容易盼到了天黑，瞧瞧四处无人，便脱掉了孙伯灵那身脏衣服，悄悄回到客店，第二天早早上路，去追淳于髡去了。

第四章

锋芒初露

孙膑死里逃生，终于回到了齐国，受到了齐国大将军田忌的热烈欢迎。田忌见孙膑精通兵法，十分赏识，一见如故，并将其推荐给了齐威王。听了孙膑的一番宏论，齐威王心悦诚服，如获至宝，已经将孙膑视为将才，并任其为军师，协助大将军田忌。

孙膑正式登上了战国中期的历史舞台，开始大展宏图。

叙祖谈兵

　　孙伯灵在淳于髡的帮助下终于逃出虎口，踏上了家乡的土地。经过几天的星夜兼程，在一个深夜，车队驰进齐都临淄城（故址今山东省淄博市临淄区）的雍门，径直奔大将军府而去。

　　第二天，天气格外晴朗，湛蓝色的天空，万里无云。空中飞翔着报春的燕子，早起的鸟雀天将亮就把孙伯灵吵醒了。虽然历经重重磨难，死里逃生，孙伯灵的身体瘦弱无力，但迎接新生的精神支撑着他顽强地坐起来，加上洗去身上的污垢和一路风尘，他换上了一身墨绿新衣，显得精神振奋。当他出现在齐威王的大将军田忌面前时，连淳于髡都吃了一惊。

　　淳于髡不无伤怀地对孙伯灵说："原来孙先生一表人才、气宇非凡！"转身对田忌说："这位就是被魏惠王迫害，膑去双膝的孙先生。"

　　田忌几步奔过来，伸出双手紧紧握住孙伯灵的双手。

　　孙伯灵动了动身子，企图站立起来，终因两腿无力而没有站起来。

　　田忌问孙伯灵："先生叫孙——"。

　　孙伯灵想了想说："就叫我——孙膑吧！"

　　田忌说："孙膑先生，走，咱们这就去见威王！"

　　齐威王听说孙膑已到宫门外，急得连衣冠都没整好，就奔出门外，亲自迎接。他把孙膑安排在一个舒适的座位上坐下，就迫不及待地说：

"早就听说先生的本领，本来想派人去鬼谷山相邀，后来听说先生下山在魏国任职，却不曾想惠王如此无情，先生惨遭毒手，留下终身遗恨。现在好了，先生安全到了我齐国，又是我朝田姓同宗，本王欲拜你为大将军，你看可好？"

孙膑热泪盈眶，想到自己一个残疾人，初回齐国，威王就如此看重，拜以大将军。他眼前又浮现魏国大梁街头那个满街乱爬、乞讨求生的"疯子"。

孙膑说："孙膑没有才能，能被救回齐国，心中已经感激不尽。大王又委以重任，孙膑心中惭愧，不敢接受。如果国家有用我孙膑之时，我定当鞠躬尽瘁，死而后已！"

齐威王执意要授官职，田忌也一旁相劝。孙膑以"刚来齐国，还是不要惊动魏国以引起仇恨"为由，终于没有接受。

齐威王说："久慕先生学识渊博，今又认识到先生品德高尚，暂不拜官也罢，请先生回答本王几个问题好吗？"

孙膑谦虚地说："大王过奖了。大王请讲。"

齐威王叹了口气说："先祖在位时，三国便不断伐我。周威烈王二十一年（前405年），魏、赵、韩三国趁韩悼子去世，田氏发生内乱而联合伐我。廪丘（今山东省范县）一战，我军惨败，从此一蹶不振。第二年，三国联军一直攻入我长城。此战之后，三国名声大振，周威烈王也就命赵、魏、韩三家为诸侯。周安王二十二年（前380年），三国伐我打到桑丘（今山东省滋阳县）。两年后，三国趁我国有丧事而攻我灵丘（今山东省高苑县）。又五年之后（前373年），燕国败我于林营（今河北省河间、沧县间），魏伐我到博陵（今山东省博平县），鲁伐我入阳关（今山东省坟上县附近）。又一年，就连小小的卫国竟也攻占我国薛陵。又两年（前370年），赵伐我国鄄邑（今山东省鄄城县北），两年后，赵又打到我长城，我齐国一个泱泱大国，却处于诸侯并伐的被动挨打局面，我恐怕国土一天天丧失，恐怕祖辈基业毁于一旦。请先生一定教我，怎么才能不挨打，怎么才能称霸天下？"

绝世奇才

孙膑说："我齐国虽大，却屡屡战败，这的确是个严酷的问题。打了胜仗，就能保存处于危亡中的国家，延续将被毁灭的世系。打了败仗，就会丧失领土而危害国家。对战争问题不能不认真研究。大王如此重视战争问题，下一仗，我们就一定能战胜！"

齐威王很高兴，充满希望地说："有孙先生辅佐于我，我军必胜！"

孙膑又说："战争不是轻率进行的，胜利不是可以随意贪求的。轻率好战的人会导致亡国，一味贪求胜利的人会受挫被辱。因此，每战必须做好充分准备，然后才可以采取行动。比如城小而防守坚固，是因为有充足的物资储备；兵少而战斗力强，是因为进行的战争是正义的。防守而无物资储备，进行战争而又是非正义的，天下谁也无法使防守坚固，使战斗力强大，那就一定会失败，轻则丧权辱国，重则亡国亡族。"

齐威王赞同道："对，说得太对了。晋国在三家分晋前，最强的大夫莫过于智伯了。可智伯贪婪，最终赵、韩、魏三家联合起来，大败智军，杀死智伯，灭除智氏，瓜分其地。从这一件事就可以看出，战争绝不是好玩的，不能随心所欲、穷兵黩武。"

田忌说："正是。智氏本可以拥有其国，因为战争不义而被三国联合灭除，这也叫作小算失大算，企图得小利，却把国都灭了，宗族灭了。"

孙膑说："对！只有用武力战胜敌人，才能使自己强大巩固起来，实现国家的统一。要想使天下臣服，只有战胜而强立！"

齐威王情不自禁地重复道；"战胜而强立？说得好啊！"

孙膑又说："只有打了胜仗，才能消除分裂，平息叛乱，维护统一，巩固政权。"

齐威王忽然想起什么："先生刚才说使天下臣服？"

"对，就是天下为一大统，七国为一大国，令天下臣服，这也正是我的理想。"

过了几天，齐威王与孙膑、田忌讨论用兵之道。齐威王问："孙先生，敌我两军相遇，双方的将领互相对峙，彼此的阵势都很坚固，谁也不敢先采取行动，应该怎么办呢？"

孙膑答道："可先用少量的轻兵去试探敌阵，由地位低下而勇敢的人率领，必须失败，不能得胜。把主力部队隐蔽地列成阵势，猛烈地袭击敌军的侧翼。这样，就可以出其不意，战胜敌人，取得胜利。"

齐威王问："使用较多的兵力或使用较少的兵力，在作战指挥上有什么规律吗？"

孙膑答道："有。"

齐威王问："我强敌弱，我众敌寡，应该怎样指挥呢？"

孙膑再次向威王拜谢，然后说："只有圣明的君主才会提出这样的问题。既然军队众多而又强大，还要问怎样指挥，这是确保国家安全的根本之道啊！在这种情况下，指挥作战的方法叫'赞师'。就是故意使我军的阵势混乱，队形不整，以迎合敌人心意，敌人就必然会出兵和我决战。"

齐威王接着问："敌众我寡，敌强我弱，又应该怎样指挥？"

孙膑回答说："在这种情况下，指挥作战的方法叫'让威'，即必须隐蔽好后面的主力部队和机动部队，使他们能够随时撤退或转移。前沿部队，要把使用长柄武器的士卒放在前头，使用短武器的士卒放在侧后，并配置一部分机动弩兵（弩，战国时期才有的射程较远的武器），以应付紧急情况。后面的主力部队不能轻易行动，一定要等敌军疲惫了再发起反击。"

齐威王问："我军已经出战，敌军也已经出战，不知道兵力谁多谁少，应该怎样指挥呢？"

孙膑说："在这种情况下，敌军将要进攻，我军分为三阵迎战，以一阵后援。能打就打，不能打就撤出战斗。"

"攻击走投无路的穷寇应该怎么办？"齐威王又问。

孙膑说："不要过于逼迫，等敌人寻求生路的时候再设法消灭它。"

齐威王问："攻击势均力敌的敌军怎么办？"

孙膑说："要首先设法迷惑敌人，使敌人分散兵力，然后我军集中兵力分别消灭它。这样做必须十分诡秘，一定不能让敌人知道我军的企图。如果敌人不分散兵力，我军就按兵不动，不要去攻击敌人故意放出来的疑兵。"

齐威王又问："以一当十有什么规律吗？"

孙膑说："有。这就是要'攻其无备，出其不意'。"

齐威王问："地形平坦，部队严整，打起来却失败了，是什么原因？"

孙膑回答："这是因为布阵时没有精选出冲锋陷阵的突击分队。"

齐威王又问："要使士卒能够一贯听从命令，应该怎么办？"

孙膑答道："这就要求将领能够做到一贯严守信用、赏罚分明。"

齐威王高兴地说："你的用兵之道，果然奥妙无穷啊！"

田忌大将军一直在一旁认真听着，见齐威王一口气问了这么多问题，他心中也不禁涌起许多疑问，却没敢插嘴。这时见齐威王赞叹不已，赶紧将胸中的疑惑倾诉给孙膑。他问孙膑："妨碍军队行动的是什么？陷敌于困境的是什么？壁垒沟堑不能攻克的原因是什么？不得天时的原因是什么？不得地利的原因是什么？不得人心的原因是什么？请先生解答处理这六个问题有什么规律吗？"

孙膑说："有。给军队造成妨害的是不利的地形，使敌人陷入困境的是险阻。所以说，有三里的沼泽泥泞地带，就会给军队的行动造成巨大妨碍，无论是我方还是敌方，在这种情况下要通过沼泽泥泞地段或涉渡江河，众多的战车甲士将被迫停滞，无法前进。因此说，妨碍军队行动的是不利的地形，陷敌于困境的是险阻要隘。壁垒沟堑不能攻克的原因是沟渠隘塞对敌人是有利的，而对我军却是不利的。不利的地形作战势必难以取得胜利。不得天时、地利、人和的原因是没有把握这三方面的规律。这三个方面，没有比人和更宝贵的了。取得胜利的因素不是单一的，天时、地利、人和这三个条件不具备，即使取得胜利也会带来灾祸。因此必须具备了这些条件才能作战，到不能不战的时候再作战。要抓住有利战机，而不是反反复复地用兵。"

田忌问："如果敌人按兵不动，怎么办？"

孙膑说："可以在击鼓时坐镇待敌，同时用各种办法引诱、调动敌人。"

田忌问："作战部署已经确定，行动时要使士卒能听从命令怎么办？"

孙膑说："既要严明军纪又要讲清利害关系，论功行赏。"

田忌又问："赏罚严明，是不是用兵最要紧的事情？"

孙膑回答说："不是。奖赏，是为了鼓舞士气，使士卒舍生忘死地去战斗。惩罚，是为了整顿军纪，使士卒服从上级的指挥。这些都是有助于取得作战胜利的，但不是用兵最紧要的事情。"

田忌又问："权力、形势、计谋、诡计，是不是用兵最紧要的事情呢？"

孙膑说："不是。掌握权力，是为了调集和指挥军队；示形造势，是为了使士卒勇敢作战；运用计谋，是为了使敌人放松戒备；施展诡计，是为了困惑敌人。这些都是有利于取得作战胜利的，但不是用兵最紧要的事情。"

田忌任齐威王的将军多年，指挥过大小无数次战斗，他的威名让邻国的敌将都闻之丧胆，几十年的战争经验令齐威王对他刮目相看。此时，他一连提了十几个问题，都没难住孙膑，他在内心深处敬佩孙膑，仰慕这个被人迫害致残的孙膑。可是，一连几个"不是"，他听后心中总是不悦。此时，脸上变了颜色，话也带着怨愤之气，他问："奖赏、惩罚、权力、形势、计谋、诡诈，这六个方面都是善于用兵的人所必不可少的，而您却说不是用兵最紧要的事情。那么，用兵最紧要的事情到底是什么呢？"

孙膑说："分析敌人的情况，研究地形的险易，必须察明道路的远近，务必激发士兵，临战前使士卒保持旺盛的斗志，等等，这都是将帅的重大责任。坚决打击敌人空虚而要害之处，即所谓必攻不守，才是关系全局的胜负、安危、成败、主动与被动的关键，这才是用兵最紧要的问题呵！"

田忌顿觉眼前豁然开朗，许多年来，他统兵打仗，虽也有胜利之时，但多数时候总感觉力不从心，很难把握战争的态势。他从心中感谢老天爷把这个孙膑还给了齐国，齐国有孙膑，下一仗一定能胜，下十仗也一定能胜利！田忌语气亲切，面带微笑地问："拉开阵势而不与敌人交战有什么办法吗？"

孙膑说："有。据守险隘，增强壁垒，按兵不动，注意戒备，不为敌人挑动，不为敌人激怒。"

田忌问："敌军既众多又凶猛，非与它交战不可，有什么办法取胜吗？"

孙膑说："有。增强壁垒，广思谋略，严明军令，整顿部队，团结士卒。避敌锐气使其骄傲，引诱调动敌人使其疲劳。然后攻其不备，出其不意。必须做持久的战争准备才能成功。"

田忌说："你说得太好了！我还有几个问题要问先生，锥形阵的用处是什么？雁行阵的用处是什么？精选出来的有力士卒怎么用？驰驱善射的弩兵怎么用？飘风之阵怎么用？一般士卒怎么用？"

孙膑说："锥形之阵，是用来冲破敌人坚固阵地、摧毁敌人精锐部队的；雁行之阵，是用来袭击敌人侧翼，疲惫敌人的；精选出来的有力士卒，是用来突破敌阵、擒杀敌将的；驰驱善射的弩兵，是用于激烈持久战斗的；飘风之阵，派出轻快的战车，是为了追击逃跑的敌人；一般士卒，是用来配合行动、增加胜算的。明智的君主和通晓用兵规律的将帅，是不指望用一般士卒建树主要战功的。"

孙膑胸中自有百万雄兵、无穷韬略，此时滔滔不绝，用言辞回答齐威王和田忌大将军的数十个问题，这只不过是他智慧河流中的一束浪花。然而即使是一束浪花，把齐威王和田忌大将军也惊诧、喜悦得不能自制。

齐威王起身走到孙膑面前，躬身施礼道："孙先生才略非凡、智

锋芒初露

慧超人，务必请收下寡人做学生。"

孙膑忘记了自己是残废之人，双腿用力想站起来，却动弹不得。

田忌也趋步走到孙伯灵面前，拜了又拜说："孙先生务必不要推辞，一定也收我为学生！"

孙膑热泪盈眶，艰难地挪动着他的双腿要向齐威王、田忌行跪拜之礼，可双膝无力，支撑不住他的身体。他歪倒在桌几上。

齐威王、田忌慌忙过来扶他。孙膑说："齐国是我的祖国，为祖国的强盛我责无旁贷。大王和大将军如此厚待孙膑，我受宠若惊，感激不尽。日后，国家大事就是我的大事，我当鞠躬尽瘁、死而后已！"

君臣赛马

孙膑从此住进了田忌大将军家中。田忌待他十分敬重，生活上无微不至地关怀、照顾。有空时，两人就研讨军事理论。田忌还派人给孙膑制造了一辆特殊的小铺车，上面支上篷布，雨天挡雨，晴天遮阳；隔三岔五还带孙膑到城外散心、打猎。孙膑的身体在田忌的关照下渐渐强壮起来，原本黑黄的脸膛也泛起红光。

一天，田忌走进孙膑房中，孙膑看出他闷闷不乐、心绪烦乱，便问道："大将军有什么不顺心的事？"

田忌叹了口气说："先生有所不知，我养的马，都是能征善战的骏马，可每次跟大王的马一比就败下阵来，这是为什么？失败就意味着输银子，还得在各位大臣面前丢面子，真是得不偿失。刚才早朝，大王下令明天赛马，请先生帮我出个主意。"

齐国的"赛马"风俗，兴起于齐威王宣布称王的那一年，不仅显示了齐国是个尚武之国，而且因齐威王率领群臣和百姓共同活动，也显示了齐国是个人和之邦。

孙膑从田忌口中得知这个风俗，倒也激起了浓厚的兴趣。第二天他早早地起了床，快快吃饭，乘着田忌特别为他准备的一辆小铺车，和田忌的车子并排而行，离开了大将军府。

一出临淄南门，杂乱的马的阵阵嘶鸣声传来，顿使孙膑产生了一种如临沙场之感，不禁兴趣更浓了。他抬头望去，在前边不远的地方，人群如海，喧声如潮。

"这就是赛马场。"田忌指着人群对孙膑说。

"怎么比赛呢?"

"人坐车，马拉车，人赶马，两两一对，谁先到头谁就是赢了一个回合。"

"一对要赛几个回合呢?"

"三个回合。"

"每个回合都是用同一辆车子和同一匹马吗?"

"每个回合都是用同一辆车子，但要换一匹马。"田忌越听孙膑问的，就越发惊讶他问得仔细，不禁称赞说，"先生真不愧是研究兵法的!"

"那就是说，谁参加比赛，谁就必须至少有三匹马啰?"孙膑不理会田忌的称赞，继续往更细的地方问。

"那是当然，这几年齐国老百姓的生活好啦，一家喂三匹马的也不稀罕。"

"比赛是两两一对，那么怎么配对呢?"

"抽签呀。比如说，有一百人参加比赛，那就五十个人制签，另五十个人无签。无签的按顺序抽签，抽到谁的签就和谁配对。"

"大王也参加抽签吗？或者也参加制签吗？"

"每次比赛，都要赛出前十名来，由国家统一发奖。第一名十两银子，以下低一名就少一两银子。按这个办法，大王还能参加抽签和制签吗？"

"大王不参加制签和抽签，那么又和谁去比赛呀？"

田忌笑了起来，说："那就和我呗！大王每次都是和我比赛，而且是最先比赛。赛完就拉倒，不再和别人比赛。大王这样做，是为了带头，是为了表示对赛马的提倡和支持。"

孙膑越听，就越感兴趣了，越感兴趣，就问得越细致了："大王和您比赛是为了带头，那么还讲输赢吗？"

"不讲老百姓就会认为不认真，那还怎么带头呀？所以不仅要讲，而且还要比老百姓赌得多。"

"赌多少？"

"我们取奖给老百姓的最高数，十两。"

"那么，是大王赢得多，还是您赢得多？"

田忌"呵呵"大笑起来，说："先生您说谁能赢呢？"

"我看，这种比赛呀，赢与不赢，关键就看马如何啦。大王是齐国之君，还能少了良马？您是齐国大将军，良马也少不了。那么，大王和您比赛，还不是各有输赢吗？"

田忌说："是呀，我养的好马是不少，今天我让往赛马场牵去的就是最好的三匹。可是我的马再好也比不上大王的，每次比赛都是他赢，所以我只有给他送银子的份儿！"

"是真的吗？"

"是啊！老百姓都给我起了个外号，叫'送银子的人'！"

"那么您是为了让大王，故意输给他的吧？或者您是怕大王，不敢赢他吧？"

田忌又笑了笑，说："先生不是说玩中有真吗？这话说得好，我就是这样。赛马虽说是玩，我还是当真的，可就是一次也赢不了大王。

今天请先生给我出出主意，要是能让我赢大王一次，就算是先生指挥了一次练兵啦！"

孙膑低下了头，陷入沉沉的思索，不觉已经来到赛马场。马的嘶鸣声和人的喧闹声使他从沉思中惊醒，抬头望去，一个东西长有二里、南北宽有一里的赛马场，人群攒动，沿着两条石灰画线，齐齐地分在东西两边。两条石灰画线，相隔四五丈远，中间夹着坦荡的马道，从西端笔直地通到东端。

西端赛马场一角，有几十个席棚，斑驳破败，不知已供多少次赛马之用了。比赛之前，齐威王和大臣们就在席棚里面歇息。席棚背阴，已拴了几十匹良马，停着数辆车子，是仆从们早早为自己的主人送来的。参赛百姓的马匹和车辆，都分散在人群的背后，零零落落的。忽然，不知哪匹马长嘶一声，远近不少马匹都跟着长嘶起来，此起伏落，动人心魄。

孙膑目光环顾着四处的马匹。

"先到席棚里歇歇吧。"田忌说。

孙膑摇摇头。他自然地想到自己行动困难，便说："您的马不是早牵来了吗？去看看吧？"

于是，田忌把他引到一个席棚背后，果然有三匹马，围在一辆赛车四周，由坐在车上的几个仆从牵着。看到这几匹马，就可看出田忌非一般人可比的心曲：毛色一律枣红，个头一般高矮。

孙膑暗暗称奇，便问："为什么要一律选这枣红的马呢？"

田忌笑笑说："我喜欢火，相信火的力量最大，可以烧毁一切；枣红马跑起来就像一团火！"

"可你不知道火就怕雪，再烈的火，雪都可以扑灭！"这声如洪钟的笑语，忽然从田忌的背后传来，是齐威王。他只穿一身深黑色的便装，没戴帽子，发不绾髻，只结一束，乌亮亮地奔拉在身后，越发显得英俊。他向田忌发着笑语，可瞧也不瞧田忌，只将亮铮铮的目光投向孙膑，停了笑语又说："先生，我来晚了！"

锋芒初露

孙膑坐在车上立即拱手说："大王，我来到这里才知，能看大王和大将军赛马，一饱眼福，真是三生有幸！"

"赛马，临淄的百姓，不，全齐国的百姓，谁要参加谁就可以参加，谁要来看谁就可以来看。"齐威王对孙膑娓娓笑谈一阵，接着口气一转，又显出谦恭的神情说，"能把先生请来观看赛马，我才真正是三生有幸哩！"

田忌见齐威王徒步走来，又站在那里说话，自己也下了马车，等齐威王把话说完，便拉他去席棚休息。

齐威王摆摆手说："先生看了你的马，还没看我的马呀。还得请先生去瞧瞧我的马。"

齐威王和田忌引着孙膑的小铺车，来到不远处一个席棚的背阴处，也有三匹马围着一辆赛车，三匹马的个头也全是一般的高矮，不过颜色和田忌的马大不相同，一律雪白。

孙膑一见，便断定这些马是齐威王的。

齐威王驻足问："先生看我这马如何？"

孙膑说："好！好！不知大王为何要一律选这雪白的马呢？"

"以前我的马并不都是雪白的，"齐威王又笑了起来，指了指田忌说，"就是因为他全选枣红的，我就全选雪白的。"

"那又是为什么呀？"孙膑又问。

"刚才他不是说红色的就像火吗？我觉得白色的就像雪。"齐威王回答说，"不是说雪能灭火吗？我就用这三匹白马和他的三匹红马赛，次次没有输过。可见雪定能灭火，先生说灵不灵？"

"大王！请到观礼台就座。"淳于髡带着两个随从走来说。他是赛马的司仪，穿着一身制服，显得威严而庄重。

齐威王说："先不忙，我还要陪孙先生看看赛马场地。"

淳于髡又带着随从去忙别的了。

齐威王和田忌都登上自己的车，把孙膑的小铺车夹在中间，一齐向赛马场驶去。

他们驶进赛马场，缓缓而行。齐威王、田忌肃穆地坐在车上，俨然是在阅兵。这是以往没有过的事，人声鼎沸的赛场一下子变得鸦雀无声了。往常，人们见他们是以比赛者的身份出现在马道上，虽然他们是第一轮比赛，但和别的比赛者并无多大的不同，所以见到他们并不觉得好奇和神秘。特别是对田忌，这大名鼎鼎的大将军，每次都输给了齐威王，人们对他就更不觉好奇和神秘了。然而今天，当人们看到齐威王和田忌还没比赛，却神情肃穆地坐在车子上，不禁感到好奇和神秘起来。特别是他们的车子中间夹着一个小铺车，小铺车上坐着一个面貌陌生、衣装俭朴、姿态就像平常读书人一样的人，人们的好奇心就更强烈了。

孙膑的神情并不像齐威王和田忌那般肃穆，而是在安详中更显亲切。他不时地扫视着马道两边的人群，面对着那一张张面孔，迎着那一道道目光，他仿佛亲临练兵场，士兵们都向他投来了这样的目光，在期待着他做誓师的祝词。于是他简直忘记了眼前的一切，心潮激荡，想一下子站起身来，然而一下子又使他回到现实之中，意识到自己已是一个废人，亲临练兵场已成昔日的梦想，念及此他不觉有几分惆怅，几分恍惚。恍惚中，那密集的人群仿佛就是用丝绳穿起竹简编成的一部兵书，那一张张面孔仿佛就是兵书上的一个个文字……如今，大概他只能在这样的书海里过活，大概至多就是亲临练兵场地——这已经是十分难得的了。

孙膑一面想着，小铺车一面行着，只听"当"的一声锣响，才知他们已到了马道的终点。一个手提大铜锣的人站在那里，身穿制服，他就是判官。

"敲锣干什么？比赛还没开始。"田忌故作生气地说。

"我不是一敲响就又把锣声按死了吗？"判官微笑着说，眼光却投向孙膑打量着。

"为什么呢？"田忌严肃地问。

"大王和大将军的马都没有跑起来，我看也不像比赛，所以就把锣

锋芒初露

137

声按死了。"判官解释说。

"既然如此，为什么又要敲锣呢？"田忌又问。

"我看着不像比赛，可第一个来的又是大王和大将军，又都驾着车，是不是比赛我拿不准呀，所以还得敲一下锣。"

田忌被判官的回答引得笑了，说："要是比赛，起跑线能不敲鼓吗？好啦，你就以鼓声为准吧。"

孙膑在一旁听着他们的谈话，心里只觉得新鲜。从大将军府出发后，所见所闻，一切他都觉得新鲜。至此，赛马是怎么回事，他总算搞明白了。但他心里更明白的是，他来看赛马，并不是为了玩，也不是为了看个新鲜，而是为了练兵，为了研究能不能把赛马变成练兵。现在，他明白了赛马是怎么回事，就如同为制订一个战争方案而去实地探查一样。

当他又随着大王和田忌在马道上往回走的时候，他的新鲜感就飞得无影无踪了。他的目光也就不再向人们扫视，而是专注在拉着小铺车的那匹马上。他的双眉微蹙，就仿佛努力要从那匹马身上找到什么答案似的。他急切地希望赛马开始。

"大王！请到观礼台就座。"淳于髡挡在马道中途。

旁边，一个用木板搭成的高高的平台，立在簇拥的人群中，这就是观礼台。上摆两排桌子，齐国文武已齐集桌旁，只等大王、田忌和孙膑就座了。

齐威王扶梯登台，田忌尾随其后，孙膑在淳于髡安排的两个仆从的搀扶下上台。大王在第一排桌子的正中就座，他特地招呼着，让孙膑坐在他的一旁，隔过孙膑才是田忌。孙膑这一陌生人的登台，大王这一特别的安排，一下子引起了座上文武的关注。

淳于髡宣布赛马开始。台上鞭炮齐鸣。鞭炮响过，响起悠扬而肃穆的乐音，深沉而浑厚的诗的合唱声伴着乐音而起。

这诗的合唱一遍完了，一遍又响起……合唱声注入孙膑的耳孔，流入他的心扉，他本不会欣赏音乐，但那"为王前驱，誓死同仇"的诗句把他引向久已向往的战场，以至于全神贯注于全诗之中。他一遍一遍地听着诗的合唱，耳边忽然响起齐威王对他讲过的话："先生讲的，可以演练一下吗？"他想：演练，演练，怎样才能把这赛马变成演练呢？

"咚——咚——咚——"三声大鼓的巨响传来，诗的合唱停止，赛马开始了。

孙膑连忙把目光投向比赛起点的方向。令锣一响，一匹驾车的白马和一匹驾车的红马风驰电掣，并驾齐驱，孙膑知道，这带头进行第一轮比赛的，正是齐威王和田忌。刚才他全神贯注于听诗，不知他们是什么时候离开观礼台而到比赛起点的。

现在，孙膑关注的就是齐威王和田忌的赛马了。两匹马迎着他疾驰而来，那枣红马果然如田忌说的就像一团跳动的火，那雪白马果然如齐威王说的就像一团滚动的雪，"一团火"和"一团雪"并驾齐驱，霎时间就到了孙膑眼前。那枣红马拉的车上引缰持鞭而坐的是田忌，那雪白马拉的车上引缰持鞭而坐的是齐威王；田忌和齐威王，一个是目光炯炯，一个是神采奕奕。孙膑忘记了自己是坐在观礼台上，忘记了跑道两边潮水般的观众，俨然置身于两军对垒的战场，俨然他就是一位肩负重任而手握全局的军师，观察着自己的主将和敌军的主将在刀来剑往地拼命厮杀。"今天请先生给我出出主意，要是能让我赢大王一次，就算是先生指挥了一次练兵啦！"现在，田忌的话又一次在他耳边响起。大概就是因为这句话，他不知不觉地把注意力更多地放在田忌的那匹枣红马上，希望他能赢。三声锣响传来之后，两匹马已到达终点，照例是田忌输了。

"只差半个车身的距离啊！"孙膑在心中惋惜地说。

观礼台上有人议论起来："这上驷比赛，赢的就是大王，大将军就要看中驷和下驷比得如何了。"

"比中驷，比下驷，大将军他什么时候赢过？"

中驷比赛开始后，孙膑依然是全神贯注，田忌和齐威王那一红一

锋芒初露

白的两匹马，在他眼前闪过时还是并驾齐驱，到终点锣响时，还是齐威王赢了，田忌"只差半个车身的距离"。孙膑还感到，这次中驷比赛的速度，比上驷已经慢了许多。

下驷比赛，同样是齐威王赢了，但孙膑特别留心观察到田忌比齐威王"只差半个车身的距离"。而且他还感到，这下驷比赛的速度，比中驷又慢了许多。

"上驷、中驷、下驷……"孙膑拧紧眉毛在思索着，"两匹同样的马比赛都是只差半个车身的距离，那么两匹不同的马比赛肯定就不是这种情况啦！为什么不能将两匹不同的马搭配比赛呢？"想到这里，孙膑似有所悟，这时他才从沉思中醒来，才发觉齐威王和田忌赛马完毕已回到观礼台，他们正注视着跑道上新一轮的赛马。

归程中，仍然是田忌的车陪着孙膑的小铺车同行。"先生，"田忌说，"我这次又输给了大王，先生看到啦。您说说，是因为我的马不行吗？"

孙膑摇摇头。

"那么是因为我的车不行吗？"

孙膑再次摇摇头。

"那么就是因为我的驾驭技术不行啦？"

孙膑仍然摇摇头。

孙膑三次摇头，把田忌引得"哈哈"大笑，说："先生真有意思！照您的意思，我的马也行，车也行，驾驭技术也行，可是我就是赢不了大王，这不就怪了！"

"是这样。"孙膑点头说，"俗话说，见怪不怪，不见怪才怪。就拿你赛马来说吧，明明存在着'怪'，可是你看不见，所以才怪。等你找到了'怪'，把它消灭，你也就不觉得怪了。"

"如果找到了我赛马中的'怪'，我能赢大王吗？"田忌显得兴趣盎然了。

孙膑点头说："能！"

田忌说："我赛马中的'怪'，请先生给我指出来吧！"

孙膑笑了一笑，说："这个，只有到了赛马时，在现场才能说得清楚。总之，下次比赛，如果大王用的还是这三匹马，你用的也是这三匹马，我想，你是完全可以赢大王的。"

"最近这几次赛马，大王都是用的这三匹雪白马。他那马厩里再也没有比这三匹更好的啦。"

"那好。只要大王还用这三匹雪白马，你就不必再担心别的，你就用你的三匹枣红马，我想你是能够赢大王的。在赛马开始之前，你只需要让我去！"

"只要您让我赢了大王，一切按先生的意思办！"田忌那赌赢心切的情绪，简直变得像孩子一样，"我看还等什么下次比赛，昨天您不是给大王说可以以赛马来演练吗？"

孙膑点点头。

田忌说："那么，过两天我就举行一次以赛马为内容的演练。"

回到大将军府，田忌迫不及待地把要搞赛马演练的设想启奏齐威王。这时，齐威王不惑之年寿诞——八月十五日已经迫近。为筹备这一庆典，国相邹忌也向大王送上了奏章。齐威王便将这两个奏章合二为一，变成了一件事，即他不惑之年寿诞庆典的主要内容就是赛马演练。

因此，齐威王不惑之年寿诞庆典的地点也就选在临淄南郊的赛马场。到了庆典这天，赛马场装饰一新。马道一旁，靠中间位置的观礼台，那用木板搭成、上摆两排桌子的高高的平台，已被朱红墙、琉璃瓦的小巧玲珑的宫殿式建筑所代替。宫殿两边，全是一溜阶梯式的观礼台。观礼台和宫殿是同样的朱红的颜色，立在那被精心整理过的绿草如茵的开阔的草滩上，显得格外气宇轩昂。齐国高级官员和各国贵宾就在宫殿和观礼台就位。据说，相国府制订这一设计方案，是吸收了淳于髡的意见的，他不久前出席了魏惠王不惑之年寿诞，懂得要搞出什么场面才能超过各诸侯国，而显出在各诸侯国第一个称王的齐威王的威风和气派。在马道起跑的西端，那赛场一角的供齐威王和大臣们歇息的斑驳破败的几十个席棚，也全不见踪影了，已被整齐划一的、一排排一行行的拴马桩所代替。马匹在参赛前和参赛后，一律都要拴在这里。

庆典开始，等贺仪一过，赛马也就开始。

这时，孙膑被仆从用小铺车推着，出现在马道的始端。

齐威王的三匹雪白大马和田忌的三匹枣红大马都是耳朵直竖，精神焕发，正等候着主人的到来。

孙膑一见双方的马还是原来的马，车还是原来的车，于是就胸有成竹了。

等田忌到来，孙膑悄悄地附耳对他说："你不是问过我你赛马的'怪'在哪里吗？就在你用上驷对上驷、中驷对中驷、下驷对下驷上。今天，第一回合你用你的下驷来对大王的上驷，赢的肯定是大王。接着你用你的上驷对大王的中驷，用你的中驷对大王的下驷，这第二、第三个回合，赢的就可能是你，如果顺利，整个比赛加起来，赢的就肯定是你啦！"

听了孙膑的这段附耳之言，一直在"好马、好车、好驭手"间被困扰得迷迷茫茫的田忌，突然间感到有一束亮光照在他迷茫的心间。齐威王步下宫殿，来到马道的始端。司仪宣布赛马开始了。

"今天的赛马演练是为了给大王恭贺寿诞，意义非同一般。"田忌对大王说，"咱们赌的银子也不能和过去一样。"

"你说多少？"

"一千两。"

"一千两就一千两。"

齐威王向来是让那长得最壮、跑得最快的一匹马当上驷，今天还照例如此。而田忌不折不扣地按照孙膑的吩咐，却用自己的下驷来对付齐威王的上驷。

令鼓响后，两马如双箭齐发，但很快田忌就落到了后面，直至终点响锣，田忌就落后了好几个车身的距离。这第一回合，齐威王虽然赢了，但不禁感到纳闷，田忌怎么落后这么远呢？

第二个回合，田忌用自己的上驷来对齐威王的中驷。令锣响后，两马又如双箭齐发，且一直并驾齐驱，然而，经过观礼台时，齐威王就感到自己的马力量不济，田忌的马反而超前了一个马脑袋。齐威王努力加鞭，田忌的马反而超前了一个马身子。到鸣锣时，田忌的马则超过齐威王的马有两个车身的距离。这第二个回合，齐威王不禁惊奇起来，他的马第一次落后了呀！

第三个回合，田忌用自己的中驷来对齐威王的下驷。令锣响后，两马依然如双箭齐发，然而还未到观礼台就不能并驾齐驱了，田忌的马超前了。经过观礼台时，田忌的马就超前了两个车身的距离。到鸣锣时，则超过了四个车身的距离。这第三个回合，齐威王不禁震惊了，他的马又落后了！

田忌第一次赢了齐威王，全场欢呼雷动，这从未有过的壮观景象给齐威王寿诞增添了更多的惊喜。

孙膑面对这壮观的景象，坐在小铺车上却有几分不安了，在齐威王寿诞时，却让他尝了败绩，这恐怕不吉祥吧？

齐威王和田忌都赶马乘车回来，他们缓缓而行，娓娓而谈。田忌讲出了他这次胜出的秘密，齐威王满脸悦色。

到了马道的始端，齐威王看见孙膑，便下车走到小铺车旁，拉着孙膑的手说："先生！您设计的这次演练，是对我寿诞的最好庆贺。有了先生，我在不惑之年才能真正不惑了！"

孙膑这才相信大王和吴王阖闾不同，微微一笑说："您还是按您以前说的好些：打仗就是打仗，演练就是演练；打仗是真的，演练是假的。请大王原谅我这个人就是太认真！"

将相反目

在为齐威王朝贺不惑之年寿诞的各国使臣中，魏国的公叔痤是年纪最长的一个，他的心情也最为不安。

当他一登上那宫殿式的观礼台而面对那如海潮般的观众时，他就想起了魏国国都大梁东门外的校军场，那里是杀气腾腾，而这里却是和乐融融。当他一听说齐威王要亲自参加赛马演练时，他就想起了魏惠王，魏惠王在他不惑之年寿诞时只是坐在那里接受别国使者的朝贺或本国高级官员的庆贺，而齐威王在他这不惑之年寿诞时却要为来朝贺的各国使臣和来庆贺的广大臣民亲自表演赛马；魏惠王和齐威王，虽同至不惑之年，却一个是未老先衰，一个是朝气蓬勃。特别是当公叔痤与各国使者在"宫殿"大厅内小憩时，听齐威王说他这次赛马失败是好事，因为从中他看出了一位大军事家的才智过人之处，而这位大军事家就是孙膑。

当他稍一定神，便问齐威王："大王说的孙膑，可是大军事家孙武的后代?"

"正是孙武的后人。"齐威王回答。

齐威王最喜欢的就是人才，认为什么宝贝与人才相比就都不算宝贝了；他最爱夸的也是人才，为了夸他手下人才济济，任何机会他都不会放过的。

"传言，《孙子兵法》不是失传了吗？但是孙膑就见过真本，还能背下，现在他正在抓紧时间写下来。"

齐威王的谈话，对其他各国朝贺的使者也如雷贯耳，大家一致要求见一见孙膑。然而，齐威王说："这个嘛，只能远观而不能近瞧。"于是，他带领各国使者走出"宫殿"门，站在门前的高台上，向西边跑道的始端指点着。各国使者所看到孙膑的形象，当然是极其模糊、极其朦胧的。

公叔痤虽然双眼已花，但在此时此地，只有他才能看得最清楚：那个安详地坐在小铺车上的人，可不就是孙膑！就是那个在大梁东门外校军场摆八阵的孙膑！是那个受了刖刑而又被扔进猪圈的孙膑！是那个爬在大梁街头的疯子孙膑！现在，孙膑坐在小铺车上，正指点着三匹枣红马在向身旁的人说着什么呢！就是这个孙膑，在魏国受了酷刑的罪犯、无人理睬的疯子，在齐国却倍受重视，然而，孙膑是怎样来到齐国的呢？公叔痤陷入惶惑之中。

他回到"宫殿"大厅，坐在座位上依然局促不安，从孙膑他又想到了公孙鞅。公孙鞅曾在自己手下，自己看得清清楚楚，他的确是个人才，可是推荐给魏惠王，魏惠王不用，公孙鞅只好到了秦国，终于取得了秦孝公的重用……

公叔痤抚弄着银白色的长须，身在齐国，心里想的却是魏国，他想了很多很多，最后就想到了魏惠王的身上。魏惠王不也是"卑礼厚币，招贤纳士"吗？但为什么孙膑、公孙鞅这样的人才，你却不用呢？看来你只是嘴上说想人才，而眼睛并不识人才啊！那么，究竟是什么东西遮住了你的眼睛，使你对找上门来的人才都不识呢？

寿诞庆典完毕，公叔痤无意逗留，立即赶回魏国，将孙膑的情况原原本本地禀告了魏惠王。他想让魏惠王能擦亮眼睛，识别人才，任用人才，振兴魏国。

魏惠王惊愕得几乎说不出话来。惊愕未定，他想，孙膑"私通齐国"的罪名是自己定的，孙膑"刖足黥面"的刑罚是自己同意的，孙膑"投井自杀"的消息，庞涓禀告了，也是自己知道的；然而如今，孙膑却又在齐国坐着小铺车出现了，如果相信了公叔相国所说的都是真的，岂不是承认了自己信任庞涓而对孙膑的处理都完全错了？岂不是承认了自己没有资格治理魏国并且更没有资格在诸侯国之间称王吗？他进而又想，如果公叔相国说的情况是真的，那个在齐国坐着小铺车又出现的孙膑是真的，那又怎么样呢？他能回来重新在校军场摆八阵而帮我治军治国吗？那显然是不可能的。他能帮助齐威王来攻打我魏国吗？而眼下，我要依靠的就是庞涓，如果相信你公叔相国说的都是真的，岂不是就要立即处理庞涓而拆自己所依靠的柱子吗？那么不知什么样的灾祸马上就要到来了。这简直是不可思议的！

魏惠王这样想着，惊愕稍定，才瞄了一眼公叔痤，老相国的长长白须又唤起了他些许的怜惜，这长长的白须正象征了老相国对他的耿耿忠心。他与兄长公子缓拼命相争而夺得了王位的继承权，可是当他即位后不久，帮他夺位的相国王错则突然离他而去，到了韩国，他只好让父王在世时朝中唯留的人才公叔痤当相国，因此，老相国对他的耿耿忠心，他是从不怀疑的。就是此刻，老相国朝贺齐威王不惑之年寿诞归来，所报告的关于孙膑的情况，从感情上讲不容他怀疑，然而理智又不容他相信那是真的！魏惠王苦涩地盯着公叔痤的长长的白须，心里念叨着："老相国呀老相国！叫你去给齐威王朝贺生日，你怎么就像小孩子一样，眼里见到什么，嘴里就说什么？要是我不居王位，你在我面前这样还可以；可是我已居王位，你在我面前这样就不可以了。你就不权衡一下利害得失呀……"魏惠王只是这样想着，嘴里嗫嚅着，然而就是说不出口来。

公叔痤见魏惠王不说话，急得自己的那长长的白须抖动起来，乃至两手也抖动了起来，他站起身说："大王，请把臣的相国职务解除了吧！"

魏惠王一震，惊疑地说："老相国，这究竟是为什么呢？卿对寡人一直忠心耿耿，哪有将忠臣解职的道理？"

公叔痤的白须和两手抖动得更厉害了，又说："大王既然不解除臣的相国职务，那么，就请求大王把臣杀掉吧！"

魏惠王又一震，转而就"呵呵"大笑说："卿出使了一趟齐国，回来怎么尽说胡话，卿没有散心解闷，反而头脑发昏了不是？"

公叔痤闻言，不禁潸然泪下，说："大王说得很对，臣从齐国回来，是心事更重了，愁闷得更厉害了，但并不是头脑发昏。正是因为我出使了齐国，才看清了魏国这两年的一些大事。大王！不是孙膑'私通齐国'，而是庞涓献诡陷害，庞涓和他的好友都不能共事，和我这老臣又怎能同朝呢？当然，老臣也不愿和庞涓同朝，大王解除了臣的相国职务，正是了却了臣的这一心愿！大王不杀臣，庞涓就要杀臣；大王杀臣是臣死得其所，庞涓杀臣是臣死得冤枉——所以臣才请求大王杀臣，就是请求大王免除臣的冤枉！大王请想一想，这难道是臣头脑发昏吗！"

魏惠王说："卿说到哪里去啦？这怎么可能呢？卿和庞涓，就是寡人的左右臂，只要有寡人在，卿说的怎么会可能呢？寡人把庞涓叫来，你们二人在寡人的面前，把孙膑的事说清楚。"

魏惠王连忙派人去叫庞涓。

公叔痤立即向魏惠王进谏说："大王！千万不可，大王这样做，以后朝内就再也无人向大王讲出真实情况啦！"

魏惠王的回答只是沉默。

公叔痤明白这沉默的意思，金口玉言怎么可以改变呢！成命怎么可以收回呢？公叔痤明白了这一点，倒是怪自己太糊涂了，于是又说："大王！请容臣就此告退！"

魏惠王的回答仍然是沉默。

公叔痤从这沉默中又马上明白了，自己还是太糊涂，这不仍然是要大王修改成命吗？魏惠王既已是魏惠王，成命就既是不可收回的，也是不可修改的。他作为臣子，魏惠王不让他告退，他就决不能告退。

庞涓来了，魏惠王告诉他公叔相国在齐国见到的孙膑的情况。

"孙膑确已投井自杀，有衣服为证！"庞涓厉声说，"相国说的这一情况，是眼见还是耳闻？"

可怜的老相国公叔痤，当他听庞涓说"孙膑确已投井自杀，有衣服为证"时，就想追问"捞没捞到尸首"，但未及追问，庞涓反而问他"是眼见还是耳闻"，于是他只被气得长长的白须抖动起来，想追问庞涓的话就再也说不出来了。

昏庸的魏惠王，听了庞涓的反问，心中却闪出一丝亮光，口中便说道："是呀，庞军师这句话问得好！这不就把事情完全说明白啦？老相国，你对那个坐在小铺车上的孙膑，不也就是那么远远地一望吗？你怎么就能说明白那是个真孙膑还是个假孙膑呢？兵书上不都是说，真真假假、假假真真吗？两军对垒，莫不如此，两国相交，就更是如此啦！"

公叔痤的脸色立时变得煞白，白须和双手空前剧烈地抖动起来。他缓缓地离开座位站立起来，全身也剧烈地抖动着。他颤抖地举起一只手，指着魏惠王说："大王您……"接着"噗"的一声，吐出一口鲜血，一下子倒在地上，就昏迷不醒了。

魏惠王命人叫来太医，把公叔痤抬出去抢救。

庞涓对魏惠王说："大王英明无比！公叔痤身为相国，我庞涓身为军师，就像大王的左右臂辅佐大王，共保魏国。今日公叔相国既然如此，逼得我难能和他共事，那就请大王恕我对他不敢恭敬了，只能是有他无我，有我无他！"

庞涓解下宝剑，卸下佩带，转身告辞。

魏惠王喊："庞军师请回！庞军师请回！"

庞涓没有回答，也没有回头，大步出宫去了。

魏国将相反目，朝政空虚，魏惠王着急手下无人，只好让长子公子卯代理朝政。年轻的公子卯，对政事穷于应付，特别是与秦国的关系日趋紧张，使魏惠王悬心不下。开始，河西报来有大批边民偷偷渡河，去秦国垦荒，因为秦国自从变法之后，垦荒归己，没有税收。对边民偷渡，公子卯束手无策。不久，边塞又报来秦国军队入侵魏国，已越过边界向东进发。公子卯如坐针毡，只好报告魏惠王。魏惠王上朝，令人去叫庞涓。

庞涓上朝，向魏惠王奏道："大王，臣的家差截得秦国间谍的一封信，谨请过目。"

魏惠王接过展开看了一下，说："此信寡人知道了，暂且放下，待日后再议。近得边塞急报，秦国军队犯我，已越过边界向东进发。寡人之意，是请庞军师率兵出征，抵抗秦军。"

"秦军犯我，臣深为愤怒！"庞涓说，"但依臣所见，这分明是公孙鞅为报私仇，用加兵之举故意逞威。公孙鞅是犯我之敌的祸首。他对我魏国加以重兵，而对公叔相国却写来密信，两相对比，事已分明。公孙鞅为敌在秦，公叔相国相应在魏。不除内祸，怎抵外敌？大王让臣率兵出征抵抗秦军，但恐怕臣率兵出征，大梁空虚，有人就会乘虚作乱，秦军未退，而我魏廷就难以自保了！"

"军师说的是公叔相国？"魏惠王不禁失笑地说，"且不说公叔相国已临风烛残年，就是寡人即位之后，王错离魏去韩，朝廷无人，公叔相国对寡人的一片忠心才昭如日月，最是让人看得清楚。"

"此一时，彼一时！"庞涓冷笑说，"臣来后就不同了，臣没来时，功没有大过相国的，赏没有多过相国的；臣来了以后，臣的功劳大过相国，大王赏臣多过相国，这就让人容不得啦！"

"怎么能谈到容不得呢？"魏惠王说，"公叔相国是一个很宽厚、很有度量的人！军师难道忘了攻打浍地回来，寡人重赏公叔相国的事啦？"

攻打浍地时，先是公叔痤为将，旗开得胜，活捉了赵国的将军乐柞。后来连降暴雨，公叔痤得病，才由庞涓去接替公叔痤。公叔痤回来的时候，魏惠王亲自到城郊迎接，并向众人宣布，要赏田一百万亩，作为他的俸禄。公叔痤还没见到魏惠王，手下的人就将这一消息报告了他。他一听这个消息，就掉转马头，反向走去。魏惠王派人又拉转他的马头，公叔痤见了魏惠王，跪地下拜，推辞赏田，说："让士兵坚如磐石，勇往直前，不屈不挠，这就是吴起将军的遗训，臣却做不到呀！每逢险阻，能身先士卒，先去勘察，预先采取对付不利条件的措施，使三军将士有备无患，这是巴宁、爨襄的能耐呀！宣布赏罚于前，取得百姓的昭然信赖于后，这是大王您制定的英明的法纪的效力呀！观察敌情，觉得可以攻击了，便击鼓发出攻击的命令而不敢怠慢、不知疲倦的人，那才是臣呢！大王您特别因为臣击鼓拿槌而不疲倦，今就赏臣，这又何必呢？"魏惠王说："说得好啊！"于是便找到吴起的后代，赐田二十万亩。巴宁、爨襄各赐田十万亩。

魏惠王说完这些，又说："公叔痤难道还不够有长者之风吗？既为寡人战胜强敌，又不忘记贤者的后代，不湮没有能之士的功绩，公叔相国哪里是没有益处的人呢！寡人考虑到这一点，又加赏公叔相国田四十万亩，共计一百四十万亩。可庞军师你攻占浍地凯旋的时候，寡人赏给你田二百万亩，是在公叔相国之上啊！吴起将军已经去世，公叔相国从不嫉妒，而且连他的后代都不忘记；巴宁、爨襄不能与公叔相国的地位相比，但公叔相国连他们两个的功劳都不湮没。公叔相国既然如此大度，那么，他还能嫉妒你、容不下你吗？"

庞涓听了魏惠王的一席长谈，一时不知说什么是好，竟然语塞。公叔相国的这些事，庞涓在以前是听而不闻，现在却是让他目瞪口呆了。语塞之中，他刚才压着的一股恨意一下子翻到了咽喉。他心想：吴起死了，你公叔痤无论如何装模作样表现出大度的样子，吴起也都威胁不着你的地位；巴宁、爨襄不过是过河架桥、逢山开道的后勤官员，不是手握军机的将帅，你公叔痤把他们的功劳说得越足，越会坐稳你相国的宝座。而我庞涓呢，一不是死去的吴起，二不是后勤官员巴宁、爨襄，我无功才好，有过更好，你哪儿是希望我有功呢！我有一点点功，你都怕威胁到你相国的宝座，更不必说大功了。正是因为我有大功，你才说在齐国看到了一个孙膑！孙膑投井而死，你竟能看到一个活孙膑！孙膑就是不死，他那么一个疯子，能够插翅飞到齐国去？你公叔痤为整我庞涓，真是到了荒唐可笑的程度！他越揣摩公叔痤，就越觉得当将领兵的地位重要。

庞涓语塞着，思索着，又强压下泛到咽喉的恨意说："大王给臣赏田二百万亩，公叔相国又是怎样表现他的大度呢？"

魏惠王也变得语塞而回答不出来了。

庞涓说："大王怎么能忘了呢？公叔相国对我庞涓说过的话大度得很！他不是说过他在齐国见过一个活的孙膑吗？这就是说，大王您对我庞涓看错了，大王您原来对孙膑处理错了。既然连大王您错了，公叔相国都敢直言，那么他还不够大度吗？现在秦国对我们魏国出兵，难道能是为了让大王您的宝座安稳吗？难道能是喜欢大王您吗？对我庞涓又能喜欢吗？那么在我们魏国，秦国喜欢的有谁呢？显然只有一个人，那就是公叔相国。大王从秦国间谍的这封信还不可以看得清清楚楚吗？秦军越过边境，大王放着身边的里通秦国的人不除，却要臣带兵去抵抗秦军，何急何缓，臣请大王三思！"

魏惠王派不出抗击秦军的将领，而秦军步步深入的消息天天报来，不久就进逼少梁。

公叔痤在家养病，也为秦军的入侵日夜不安，只叹息老病身，无能为力。当他初愈，一天几位朝中旧友来探望他，便向他透露庞涓说他私通秦国的消息，要他多加警惕。他刚一听，如炽铁烧心，心里气得要命；送走客人后，心头的炽铁却又冷了下来。他反复思考了一夜，第二天就上朝了。

"大王，臣愿请兵，"公叔痤对魏惠王奏说，"去抗击秦军！"

魏惠王念他年迈体弱，又加大病初愈，竟然有如此的举动，被感动得泪如雨下。派他带兵出征，于心何忍？但秦军深入，朝中派不出别的将领去抵抗，魏惠王也就只好答应下来。

公叔痤带兵到了少梁，便传来战报，他竟被俘虏，秦军撤退回国。

锋芒初露

剑指中山

公叔痤被秦军俘虏的消息传到大梁，魏惠王又惊又悲，急忙令人让庞涓上朝商议。

庞涓也早已听到了消息，上朝一见魏惠王，便奏说："秦国俘虏了公叔相国，为什么就撤军了呢？这还不明白吗？秦国派兵的目的就是为了公叔相国。公叔相国就是秦国的内应，到现在大王该看明白了吧？"

魏惠王说："不论怎么说，公叔痤是我魏国的相国，被秦军俘虏，是我魏国的奇耻大辱啊！寡人准备出兵秦国，请卿为将。"

庞涓一听大笑起来，说："大王决定现在用兵，时机抓得是很对的。我们魏国的相国被虏，各国都在看着我们如何行动，如果我们无声无息，各国就会说我们魏国软了怕了，我们就会失掉威信而难做一个大国强国。但是，依臣之计，用兵的方向不可在秦，请大王再作斟酌。"

魏惠王说："现在不向秦出兵，救出相国，以雪国耻，各国不会耻笑魏国吗？"

庞涓说："大王所说向秦出兵，这是长远的目标。大王要统一天下，最后要较量的恐怕就是秦国。但为了达到这个长远的目标，现在主攻的方向不宜是秦国，而首先应是力量较弱小的国家，比如说韩国和赵国；其次是力量比较强大的国家，比如说齐国和楚国。魏国要先把韩、赵、燕、齐、楚消灭，然后再把进攻的矛头转向秦国，把秦国消灭，这样才能实现大王统一天下的宏愿。这就是臣的师父鬼谷子先生教给臣的要助一个大国称霸以'弭兵'的主张，也是臣为报大王厚币之招而要使大王成为天下之王的抱负。自从来到大王身边，臣一直就是为实现这一抱负一步一步前进的。臣希望大王能理解臣的这一抱负。"

魏惠王思索了一下，说："卿说得太好了，完全符合寡人之意，寡人也完全理解卿的抱负。可是眼下如不救公叔相国，不但要招致各国诸侯的耻笑，而且寡人也于心不忍呀！公叔痤一心为了魏国，的确是寡人从小就看到的呀！"

庞涓笑了一下，说："大王说的是公叔相国在臣来到魏国以前的情况，具体地说，就是公叔相国推荐公孙鞅以前的情况。公叔相国推荐公孙鞅，大王没能任用，以后的情况还是如此吗？公孙鞅不是到了秦国并公开与魏国为敌了吗？公孙鞅视魏国为敌，而视公叔相国为恩人，这时公叔相国还能和以前的情况一样吗？大王总是好心，对孙膑私通齐国，开始也是下不了狠心。大王总念旧情，还一心想着公叔相国以前的好处。现在如果向秦国出兵，即使取得胜利，公叔相国还肯回魏国吗？即使公叔相国肯回魏国，大王难道就不追究他私通秦国的嫌疑吗？据臣揣度，秦国向我魏国出兵，为什么和公孙鞅向公叔相国写信正好赶在一起呢？而且秦国俘虏了公叔相国就急忙撤军，还有，公叔相国大病之后，老身虚弱，为什么主动向大王请求带兵出征呢？大王，如果把这些合在一起考虑，秦国这次出兵实际上是要把公叔相国接到秦国去。大王还用担心公叔相国的安危吗？所以依臣之计，大王对公叔相国的好心不如暂且收起，抓紧考虑向韩、赵这样的力量较弱的国家出兵。"

魏惠王说："好吧，就依卿之计吧。"

庞涓大喜道："臣可确保大王称霸天下。向韩、赵出兵，以前已有在浍地取胜的经验。再出兵就更有把握，最好是在两国之间选一个。

请大王明鉴，应首先选择哪一个呢？"

魏惠王既不选韩国也不选赵国，而是选择中山国。这是在庞涓预料之中的，因为鬼谷子先生给他讲过一个有关中山国的故事。

庞涓说："大王要攻中山国，的确是高明之策。大王心怀文侯之志，要振魏国之威，这也就是臣所思慕倾心的呀！可是要攻中山国，必经赵国，当年文侯的教训，不可不汲取呀！"

魏惠王说："卿所说的教训，指的是什么呢？"

庞涓说："文侯要攻中山国，向赵国借路，赵侯本来不想答应。赵国有个谋士，叫赵利，说，'魏国攻打中山国，如果不能取胜，那么魏国必然疲惫，魏国疲惫，不就等于增强了我们赵国的势力吗？如果魏国打败了中山国，必然不能越过赵国而占有中山国。这就是说，用兵的是魏国而得地的是赵国。魏国借路，君不如答应，但要表示出是不得已的就可以了'。文侯当年进攻中山国有个进军的道路问题，现在我们进攻中山国，不也同样有个进军的道路问题吗？臣所说的教训，指的就是这个。"

魏惠王说："卿说得好，那么应该怎么汲取教训呢？"

庞涓说："教训不是借路吗？关键就在一个借字。干吗要借而不打呢？如果先打败赵国而后去攻打中山国，那么还会有武侯时赵国占领中山国的事吗？今天大王要为先君报仇，攻打中山国，就要先攻打赵国，扫清攻打中山国的道路。"

魏惠王说："好吧，那就一切都由卿来安排吧。"

不久庞涓就向赵国出兵，一举就攻占了虎牢。赵国不得不向魏国示好。第二年，赵国派兵帮助魏国与齐国打了一仗。然而，庞涓攻赵的决心怎会改变？第三年，魏国在大白天降下了陨石雨。庞涓对魏惠王说："天上的星星在大白天降在魏国，这是吉兆，这是上天在向我王显示，赵国必定会败给我们魏国。"于是，魏惠王征服赵国的信心更强了。但在表面上他却摆出与赵国友好的姿态，特别安排了在鄗地与赵成侯相会。

赵成侯为了谋取赵国的生存，内心矛盾，因而对魏国也采取自相矛盾的两面政策。他一方面奉迎魏惠王，派兵帮助魏国与齐国打仗，另一方面又时时谋取与齐国交好。在鄗地与魏惠王相会之后，他又向齐国派出了友好的使者赵孟。应齐国之约，公元前356年赵成侯与齐威王在平陆（今山东汶上）相会。

　　齐赵平陆相会，激怒了魏国。魏惠王终于找到了借口，觉得进攻赵国、以解中山之恨的时机到来了。

　　他派人叫庞涓上朝，讲明了这一想法。

　　庞涓说："大王决策实在英明！上天的旨意今天被大王讲明了。去年，邯郸刮了四次黑风，房屋倒了许多，百姓死了许多。这岂不是上天在向我们显示，赵国就要灭亡了吗？大王决定进攻邯郸，消灭赵国，就是实现上天的旨意呀！"

　　魏惠王说："秦国会不会从背后进攻我们呢？"

　　庞涓说："秦国去年派公孙鞅率兵攻打郑国，包围了焦城，不是没有攻克吗？秦国对小小的郑国都是如此，难道还会向我们魏国进攻吗？"

　　魏惠王说："那么齐国会不会从一旁进攻我们呢？"

　　庞涓说："也不会。去年，齐国军队和燕国打了一仗，齐国军队还不是逃跑了吗？"

　　于是，魏惠王就定下了誓师日期，命令庞涓率兵攻赵。

锋芒初露

第五章

威震四方

由于魏国攻打赵国，赵国向齐国求救，并许诺齐国若援救自己并解魏国之围，赵国愿以自己的属国中山国相赠。于是，孙膑便受命出征，解救赵国，经过桂陵之战，终于歼灭魏军。后来又有了马陵之战，孙膑充分发挥了自己的军事才能，而马陵之战也被载入了史册。

受命出征

孙膑回到齐国后，多次向齐威王分析周边国家的形势，指明了齐国的战略重点以及应该采取的争霸战略，这些建议均为齐威王采纳。在齐威王的支持下，孙膑辅佐田忌整顿军队，加强训练，使齐军的战斗力大为提高，为即将爆发的齐魏冲突做好了准备。齐国的崛起导致东方的战略形势发生了重大变化，魏国的霸权受到来自齐国的威胁，魏国东向发展的战略也受到了极大遏制。魏、齐两强利益的碰撞使双方矛盾激化，战争不可避免。当时，魏国在西边筑长城与秦国为界，南边与韩国、楚国接壤，东边以淮水、颍水为界与齐国相邻，北边以漳河为界与赵国相接。在这些邻国中，秦、齐、楚都是大国，而韩、赵较弱。魏国的西进战略因受到秦国的顽强抵制，自设置西河郡之后再无大的动作，加之无暇西顾，不得不在秦国的反击下采取了守势，希望向东发展，专门对付东方的强敌齐国。但齐国实力不可小视，魏国要与齐国争霸，战胜齐国，就不得不借助韩、赵两国的力量。

本来，魏国与韩、赵两国是传统盟友，当年魏文侯、武侯之所以能称霸中原，除了其他因素外，就战略方面讲，主要是因为采取了联合韩、赵的战略。但魏惠王缺乏战略眼光，他一方面自恃强大，不尊重韩、赵两国的利益，经常以盟主自居，凌驾于韩、赵两国之上。同时，他还错误地认为，如果魏国吞并了韩、赵两国，统一中原地区，不仅可以解除后顾之忧，而且可使魏国实力大增，从而纵横天下，建立霸业。

魏惠王的所作所为，引起了包括盟国在内的周边各国的反感和敌视，尤其与其盟友韩、赵之间矛盾愈演愈烈，从而使自己陷于孤立境地。魏国在迁都大梁之前，就是因为不能妥善处理与韩、赵两国的关系，才导致自己数面受敌，在与秦国争夺河西的作战中处于不利的地位。迁都大梁后，魏国的主要敌人和争霸对象是东面的齐国。魏国决策者尤其是魏惠王却不能分清主次矛盾，又犯了同样的战略错误。他不但未能改善与韩、赵两国的关系，反而变本加厉地数次出兵教训两国，进一步激化矛盾。这不仅消耗了自身的实力，使自己陷于两线作战的不利境地，而且使魏国的战略对手齐国得以利用矛盾，谋取战略利益。

当时赵国国君赵成侯为了摆脱魏国霸权的控制，进而达到兼并土地、扩张势力的目的，先是退出了韩、赵、魏联盟，继而于公元前356年在平陆（今山东汶上）和齐威王、宋桓公相会，改善了与这两个邻国的关系；同时又和燕文公在安（今河北高阳县北）相会，安定了北方。至此，三国一体的局面已彻底崩溃。赵国的举动引起魏惠王的强烈不满，认为赵国自作主张，与魏国的敌国齐国等结盟，试图拉拢各国，实在是没把他这个盟主放在眼里。

魏惠王恼羞成怒，决心先从赵国开刀，树立自己的威信。于是他借口保护卫国，以庞涓为主帅，率领大军直奔赵国，包围了邯郸。魏惠王打的如意算盘是：赵国毕竟实力不如魏国，魏军可以马到成功；而一旦赵国灭亡了，齐、赵联盟自然就会瓦解，齐国会更加势单力孤，而魏国在中原的霸权则会更加巩固。

危急之中，赵王想利用刚刚建立起来的齐赵同盟关系，遂于公元前353年派使者前往齐国求救，并承诺如果齐国援助赵国解魏军之围，赵国愿以自己的属国中山国相赠。

齐威王闻报赵国告急，遂召集文武大臣齐聚于太庙，商议对策。

这是一次关系到齐国今后战略发展走向的重要会议，该不该出兵救赵，如何救赵，涉及齐国敢不敢与魏国争夺中原霸权，敢不敢挑战魏国的霸主地位。商议的现场被一种紧张、肃穆、凝重的气氛笼罩着。每到这种场合，往往是丞相邹忌率先发言，这次也不例外，大家都想先听听丞相的高见。

邹忌本来是稷下学宫中的名辩之士，他曾用比喻的方法，以弹琴比喻政治，深得齐威王的尊崇，由学宫中的辩士一跃而为相国。他离开学宫进入政坛后，因能言善辩，经常向齐威王阐述自己的建议，深得齐威王的信任，齐威王对他可以说是言听计从。

邹忌见大家都在等他首先发言，于是踌躇满志地说："臣坚决不赞成出兵救援赵国。至于原因，一方面，我们齐国的当务之急是发展经济，壮大国力；另一方面，齐国军队不是魏军的对手，明明打不赢却硬要与魏国对抗，实在是拿国家的命运做赌注，拿军民的生命财产做赌注，这无异于以羊投虎，也是不顾大局的鲁莽行为。"

邹忌的表态可以说是语惊四座，大臣们有的认为他的话不无道理；还有人认为既然邹忌是一人之下万人之上的丞相，听他的就是了。

这时，大臣段干朋站起来说："微臣认为丞相的意见不妥。魏国攻打赵国，围攻邯郸城，齐国如果坐视不救，既显得不仗义，也对我们齐国不利。"见大臣们都面面相觑，段干朋详细陈述了自己的理由，他指出，出兵救赵的理由有三：一是齐国与赵国曾有同盟关系，若不兑现自己的承诺，就会在国家间失去信用；二是坐等魏国灭了赵国以后势力进一步壮大，对齐国更为不利；三是从当时战略形势来考虑，魏、赵两国都是齐国潜在的对手，如果直接派齐军前往邯郸救援赵国，则既不能使赵国受到损失，也达不到消耗魏国实力的目的，这对齐国的长远利益是不利的。因此他主张实施使魏国与赵国相互削弱从而"承魏之弊"的战略，即先以少量兵力南攻平陵（今河南睢县西），借以表明齐国反对魏国攻赵的态度，并达到牵制和疲惫魏军的目的。待魏军攻下邯郸，师劳兵疲之时，再出动大军予以正面攻击，重创魏军，

威震四方

以求一举成功。这一谋略，具有一石三鸟的用意：南攻平陵，可使魏国陷于两面作战的困境，是为其一；向赵国表示了援助的姿态，信守盟约，维持两国所建立的友好关系，帮助赵国坚定抗魏的决心，是为其二；让魏、赵继续攻伐，最后导致魏国受重创，实力削弱，从而为齐国战胜魏国和日后控制赵国创造有利条件，是为其三。

齐威王听了两位大臣的意见，左右为难，于是征询孙膑的意见。孙膑赞许段干朋的观点。他进一步从战略的高度分析道："魏、赵、韩原是一家，魏文侯时，三国联盟，所向无敌，各诸侯国难敌其锋。现在，三国出现裂痕，赵国转而与齐国结盟，等于对魏国釜底抽薪，而其出兵攻打魏国的属国卫国，又无异于夺取魏国口中之食。魏、赵两国矛盾激化，对齐国最为有利。在这种情况下，齐国应该利用这一良机。因为，齐国的主要敌人就是魏国，在目前魏、赵交恶的情况，如果赵国被打败而投降魏国，赵国势必认为齐国见死不救，有违赵、齐两国的盟约，进而与齐国反目成仇。这样，齐国不仅失去了一个盟国，而且让敌人更加强大。尤其从战略格局看，魏国攻赵，还将导致其他大国如秦、楚都趁机渔利，蚕食魏国疆土，从而使自己处于四面树敌、孤立无援的被动境地。所以，臣以为应该采纳段干朋之计，立即出兵。同时，从长远的战略观点来看，赵和韩也是大国，如果不借魏国之手予以削弱，将来也可能成为齐国的劲敌。所以，我们应该既攻打魏国，以坚定赵国抗魏的决心，又不可过早与魏军主力正面交锋，而要等到魏、赵双双精疲力竭之时，再出动大军重创魏军，这样最符合齐国的战略利益。到那时，齐国就可以号令天下，安抚百姓，成就天下一统的伟业。总之，出兵不出兵，关系到齐国取威定霸的战略目标能否实现，所谓机不可失，时不再来。"

至于如何救赵，孙膑认为，魏国的"武卒"部队，是大军事家吴起当年训练出来的，号称天下劲旅，数十年来，东征西讨，战无不胜。齐军要同魏军正面较量，显然不是对手。因此，必须以智斗力，以巧取胜。具体讲，就是按照孙武《兵法十三篇》中所说的"胜于易胜"

"胜已败者"，即要主动创造取胜的条件，使魏军成为最易打败的敌人，使其未同齐军交战即已处于接近失败的境地。为此，孙膑提出了著名的"围魏救赵""批亢捣虚"的作战方针。他分析说：当前的情况是，魏国大举攻赵，"轻兵锐卒必竭于外，老弱疲于内"，这就为齐军"疾走大梁""冲其方虚"提供了条件。因此，他主张以一部分兵力攻击魏都大梁，引诱庞涓回救，而将齐之主力集结在适当的地域，邀击魏军于归途。齐威王和大臣们听了孙膑掷地有声的一番分析，茅塞顿开，于是，齐威王做出决断，全国备战，军队听候命令，随时出征。

这时，魏国的八万大军在庞涓的统率下，已兵分两路，浩浩荡荡，一路北上，很快就占领了赵国都城邯郸四周的战略要地。邯郸城山水环抱，自西而南而东，有漳河、滏水、牛首水，西有太行山、紫山，北有插箭岭，城池坚固，粮草充足，易守难攻。赵国国君赵成侯亲率五万精兵分守城外各处，而庞涓决定强攻，将邯郸团团围住。

魏国以主力攻赵，赵国军民拼命抵抗，两军相持达一年有余，眼看就要城破国亡。当邯郸危在旦夕，赵、魏两国均已疲惫之时，齐威王认为出兵时机业已成熟，于是任命田忌为上将军，负责统一指挥，又任命孙膑为军师。同时宣布这次大军出征，要一切听从孙膑的谋划。

 **围魏救赵**

水河（黄河）河套一带，由北向南，流经千里，忽而折转九十度，一直向东，浩荡入海。

三家分晋之前，晋国就地跨水河转折处上游的河东、河西和转折处下游的河南、河北。三家分晋之后，魏国占地最广，横跨河东、河西，以及河南、河北；而韩、赵两国，占地较小，分别偏居于河西南和河东北一隅。魏国国都大梁和赵国国都邯郸，南北相距二三百里，中间隔着卫国，水河就从卫国的北部边界流过。当时的水河流向与今日的黄河不同，在流出卫境而进入齐、赵边界的地方，距离邯郸就只有几十里的路程了。

早在庞涓得到魏惠王关于正式向赵国进攻的命令时，他就忙碌起来，调动军队，选择将领，筹集粮草，确定行军路线……等到八万军队都已筹齐，出征将领都已选定，粮草也已齐备，庞涓便集中考虑行军路线了。他满脑子里错错落落的万道思绪，就是随着密密麻麻的一张地图转。同样的一种绢帛上绘制的地图，府厅里挂了一幅，卧室里也挂了一幅。而实际上这地图，不是挂在府厅里，也不是挂在卧室里，而是挂在他的心上，挂在他的脑中。而且在他的眼中，这也不仅仅是一张地图……

他看到这地图，就仿佛看到了魏惠王。他一看到这地图，耳边就会响起魏惠王在向他下达正式向赵国进攻的命令时所说的一句话："一举胜，魏赵合！"正是因为这句话，地图在他的眼中就非同一般了，那密密麻麻的点点线线，无非就是一个字：分！而他则要变一变，落实魏惠王的指示，也变成一个字：合！

这天晚上，庞涓忙完了，躺到床上看着行军路线，那刚刚到来的一丝睡意便又飞得无影无踪了。自从决定进攻赵国以来，哪一个夜晚他何尝不是如此呢？鬼谷子师父教过的话又在耳边响了起来："兵者，诡道也。"

想到这些，他穿衣下床，燃火点烛，秉烛走到地图前。烛光照亮了地图，那由南北流向再折转九十度而为西东流向的水河，水河一南一北的魏国国都大梁和赵国国都邯郸，都在熠熠生辉的绢帛上闪着光。他用一手秉烛，用另一只手比量着大梁、邯郸与水河的最近距离哪近哪远，比量过来比量过去，距离都相差无几。他沉思良久，又从大梁沿着与水河平行的方向指画着，一直越过卫国，而在齐、赵交界的茬丘停了片刻，继而又回向卫国境内最接近水河的郎颛斜画，围着郎颛圈了一圈，又向郎颛敲了一敲。就这样，行军路线敲定了。

这一夜他睡得美美的，第二天起得迟迟的。他让传令兵叫来儿子庞英和侄子庞聪、庞茅，领他们到了地图前，说："让你们考虑行军路线，你们是如何考虑的？现在就谈一谈吧。"三个人都呆呆地望着地图，谁也不说一句话。庞涓在一旁踱着步，见谁都不说话，就望望这个又望望那个，眼睛里闪出火来，那意思分明是在说：部队马上就要行动了，你们还是这样慢慢腾腾的？这哪里像个军人的样子！

三个人索性连地图也不看了，全部都低着头，还是不说一句话。庞涓停下步来，点着庞聪和庞茅的名说："这次打仗让你们领兵，就是要让你们学习指挥！你们第一次领兵打仗，让你们考虑行军路线，就是要动脑筋学习。"

庞聪、庞茅仍然低着头，谁也不开口。

庞涓转头对庞英说："庞英，你指挥过打仗，你就先说一说吧。"

庞英走近地图，抬手指着离大梁最近的水河地段，说："这次打仗，我考虑最关键的问题就是渡河。我们从大梁一出发，就应在这离大梁最近的地方渡河，然后直插邯郸。"

庞聪也凑近地图说："英哥和我们说过，一道大河要胜过十万大军，胜利的关键就是渡河。我看也是一出发就要渡河。"

庞茅说："我也是这样想的。"

庞涓哈哈笑了起来，说："有对的地方，但关键的地方不对。一道大河要胜过十万大军，大河能起这么大的作用，指的究竟是什么呢？是指防守，在防守上大河是可以起到这么大作用的。但要知道我们这次是进攻！进攻中，大河还能起到这么大的作用吗？可是我们攻中有防，为什么呢？我们在行军中间要防敌人的袭击呀。你们想，一出发就要过河，到达赵国的地面，那么，赵国的军队不就可以随时袭击我们了吗？大河的防守作用又怎么发挥呢？"

"那么应该选在哪儿过河呀？"三个人几乎是异口同声地问。

庞涓走近地图，用手指点着郿颛说："这个小城离邯郸最近，我们如果从这里渡河，再经一天的路程就可以到达邯郸了。你们说从这里渡河好不好？"

三个人一齐回答"好"。

庞涓说："选择这里渡河的好处，除了离邯郸近以外，还有什么好处，你们知道吗？"

三个人眼中一齐闪出困惑的目光，又都沉默起来。

庞涓说："郿颛，这个名字的意思你们知道吗？'颛'就是颛顼，是古代的一个帝王。他与黄帝打仗，就是在这里被打败的呀。他被打败了，就如同天上的一颗星星陨落在这里，所以这个地方就起名郿颛了。你们说这个名字有意思吧？"

三个人一齐点了点头，庞英却多了一句嘴："这个名字对我们渡河也有好处吗？"

庞涓眼中闪出两道神秘的光芒，自信地说："对！这个地方对我们渡河的好处，不仅在于与邯郸的距离近，更重要的就在于这个地名的意义上。我们这次出兵，就是我们惠王与赵成侯打仗。我们惠王把赵成侯打败，不就如同黄帝把颛顼打败一样吗？所以说只有这个地方才可以作为我们必胜的象征呀！"

三个人都拍手叫起好来，说从大梁出发后就直抵郧颛，迅速渡河，攻取邯郸。

庞涓却摇起头来，说："错了，错了！你们又错了！你们还不懂得用兵，这次打仗，可得用心学呀。'兵'是什么呢？'兵者，诡道也。'意思是，用兵就得欺骗敌人。这一点，首先就要体现到我们的行军路线上，直抵郧颛，赵国不就立即发现我们的企图了吗？往郧颛行军，需要几天，在这几天，赵国就可以在郧颛的对岸做好防备，阻击我们渡河。因此，直抵郧颛是不行的呀！"

庞英说："我们从大梁一出发，赵国不就发现了吗？那又怎么能骗住它呢？"

庞聪、庞茅也都支支吾吾的，附和着庞英的话。

庞涓说："以前我教你们用兵，不是讲过'示形'吗？现在我们要从郧颛渡河攻取邯郸，但不能'示'给敌人这个'形'，而要'示'给敌人别的'形'，才能把敌人骗住。"

三个人都瞪圆了眼睛看着庞涓，等待着他的解释。

庞涓用目光扫视着他们，然后又指点着地图，从大梁一直画到茌丘，说："我军主力从大梁出发，直至茌丘，如果'示'给敌人这个'形'，敌人怎么会知道我们要从郧颛渡河呢？在敌人还摸不清我军意图的时候，我军则折而回转至郧颛渡河，以迅雷不及掩耳之势攻取邯郸。你们说采取这条行军路线好不好？"

三个人都拍手说好。

庞涓也高兴起来，说："明天就誓师出发。出发后你们三个就跟在我的身边，传达我的命令，执行紧急任务。"

第二天，庞涓的主力在大梁郊区誓师。魏惠王亲自参加，在庞涓的陪同下端坐在高台上，耳听各路将领高诵誓词，目视一排排兵士、一辆辆革车从台下浩浩荡荡通过，直至誓师完毕。这时，庞涓要送惠王回府，然后再奔赴前线，然而惠王却不同意，要亲眼看着庞涓骑马登程。

庞涓说："大王深恩，臣当刻骨铭心！还是送大王回府，臣再登程。"

惠王说："卿要出生入死，征战千里，寡人送卿一程，以表寸心！"

庞涓推辞不过，感激涕零，连向惠王三次叩首，才让庞英牵过战马，举步上路。

惠王也命人牵过马来，执意要送庞涓一程。他先上马，又让庞涓上马，二人并马而行。

庞涓在马背上望着前面的大军，不禁心潮澎湃，说："大王命臣带领这八万兵士、五百辆革车出征，臣誓夺胜利，回报王命！"

惠王说："寡人举首翘望，拭目以待！"

惠王送了庞涓一程，二人才挥泪而别。

魏军一抵达茬丘，消息就传到邯郸，邯郸守臣平选急报赵成侯。成侯急派使者，以赠送中山国为条件，向齐国求救。

齐威王在召集群臣商议后，决定出兵救赵，以田忌为将，孙膑为军师，让孙膑坐在辎车里面，出谋划策，不露姓名。

田忌和孙膑一起分析魏军的情报，拟定自己的兵力配备和行军路线。

田忌说："庞涓的兵力是兵士八万、革车五百辆，我们应配多少兵力呢？"

孙膑说："我们就不多不少，也是兵士八万、革车五百辆。"

田忌说："庞涓出师直抵茬丘，就在我齐国的大门前。我们是否也出师茬丘，给以迎头痛击？"

孙膑说："庞涓出师茬丘，我看不过是向赵国'示形'，是虚晃一枪。他要攻邯郸，势必要选择与邯郸最近的地方渡河，所以还要回师西向的。我们不能跟着他跑，不管他到不到齐国的大门。庞涓在北，我就在南，我军宜向茬丘以南的齐国西南边境鄄邑出师，与庞军要相隔二百里。"

当田忌率领齐军八万兵士、五百辆革车抵达鄄邑的时候，庞涓果如孙膑所料，回师西向，已抵郧颛了。

这一情报，是年轻的牙将袁达报告给田忌的。出师之前，田忌特意把袁达提拔为牙将，让他率领一支精悍骁勇的轻骑兵，充当先行军，负责刺探敌情和执行紧急任务。出师后袁达初次刺探敌情，就获得了如此重要的情报，田忌异常满意，对他大加赞扬，尤其是对孙膑更加钦佩，说："孙军师真是料敌如神呀！"他命令袁达赶快请来孙军师，研究下一步的行军路线。

孙膑身残出征，寸步离不开那辆小铺车。行军，侍从们就用小铺车把他推到辎车中；宿营，侍从们又用小铺车把他推到辎车外。无论是行军还是宿营，他手里总是握着一卷绢帛地图，在他仰躺在小铺车上闭目思索的时候，每每忽然折起身来，打开地图察看；察看一阵，又仰躺在小铺车上继续闭目思索。

一日，孙膑在宿营的军帐中正仰躺在小铺车上闭目思索，忽然听到袁达轻声呼叫："军师！田将军有请。"

孙膑连忙随袁达来到田忌的军帐。田忌将庞涓回师向西、已抵郧颛的动向告诉孙膑，又说："郧颛在卫国的腹地，离卫都濮阳不远。看这庞涓的意图是先占领卫国，再攻邯郸。郧颛，我们救还是不救呢？"

孙膑说："郧颛属于卫国，卫国国君又没有请我们，我们救卫国干什么呀？我们要救的不是赵国吗？"

田忌说："若不救卫国，我们下一步该怎么行动呢？"

孙膑打开手里的地图，聚精会神地看了起来。水河南岸，一条从西南往东北流向的长长的济水，将齐国国都临淄和宋国名城定陶连成一线。在定陶，从西北桂陵方向流来的荷水汇入济水。孙膑的目光慢慢地在地图上扫视着，从临淄开始，沿着济水往上游扫去，扫到鄄邑一带忽然凝住了，他的家乡冷家庄就属鄄邑所管啊！

孙膑对着地图凝眸一阵，视线又缓缓移动了，由鄄邑而定陶，由定陶而桂陵……桂陵南面的是菏山、左山、仿山，北面的是历山，西南面的是凤嘴山。这三面的山搭合抱连，高低起伏，形成一个连绵数十里的"口袋"，开口在东北的方向上。"口袋"里面，又被一条东北、西南走向的几里长的峡谷分为两半，而桂陵就在这个峡谷里。

孙膑边沉思边扫视着地图，目光又在桂陵凝住了。凝视一阵，又用手指点着桂陵，抬头对田忌说："田将军请看，这桂陵和邯郸、大梁正在一条直线上。这就是说，庞涓从邯郸回大梁，桂陵是必经之地。我们就在这里打庞涓，我们下一步的一切行动，都要以这一点为中心。"

田忌一听笑了起来，说："庞涓要占邯郸，占了邯郸，还不知什么时候回来呢。桂陵尽管是他回大梁的必经之地，他不回来，你在桂陵怎么能打得着他呀？"

孙膑并不笑，严肃地说："你不是喜欢我先祖的《兵法》吗？我先祖的《兵法》上说，'善战者，致人而不致于人'。意思是善于打仗的，要能调动对方而不被对方调动。这句话的实质讲的是战争的主动权问题，即要掌握主动，而不要被动。我们要掌握主动，就要能够调动庞涓。他不来桂陵，我们就要调动他来桂陵！"

田忌说："怎么调动呢？"

孙膑说："现在还不到时候，所以暂不考虑。现在需要考虑的是怎么麻痹庞涓。他不是从老巢大梁出来了吗？那么就先让他出来后走的路越远越好。田将军，您不是估计他下一步要攻濮阳吗？他攻更好，不攻便罢，我们不必理他，总之他必然要渡河北上，进攻邯郸。对邯郸，他攻取也罢，攻不取也罢，总之他必然得要花一段时间。而在这一段时间里，我们就完全可以把主要兵力在桂陵部署完毕，部署完毕，我们就可以坐下来休息了。那么庞涓呢？他走了那么远的路，又渡河又打仗，还能不疲劳？然后我们再把他调动到桂陵，他还能不更疲劳？这就是先祖《兵法》上说的，'凡先处战地而待敌者佚，后处战地而趋战者劳'。等到那个时候，我们以逸待劳，还能不打败他？然而眼下却要避免和他交战，使他走路走得越远越好，仗打得越大越好，最后疲劳得越狠越好，所以现在就要麻痹他。"

田忌说："怎么才能麻痹他呢？"

孙膑说："那就要'示之以形'。庞涓从大梁至茬丘，也是'示赵以形'，即掩盖攻赵的企图。但他做得不怎么高明，一出大梁他的企图就被赵国知道了。我们要麻痹他，也靠'示之以形'，这个'形'就要'示'得比他高明才行。田将军，我刚回到齐国的时候，大王和您问我兵法，当时我就说到'示形'的问题。所谓'示形'，就是要故意暴露出来而让敌人看到的军事部署或攻守态势，也就是平常所说的搞花招。这个'形'，有时'示'出的是真的，有时'示'出的是假的。如果敌人把你的真的当成了假的，假的当成了真的，那么你才算高明。这里的关键就是要'示'得微妙而神秘。我先祖《兵法》说'微乎微乎，至于无形；神乎神乎，至于无声'；他又说，'形人而我无形'；他还说，'形兵之极，至于无形'。田将军，我们要麻痹庞涓，现在就不妨按我先祖《兵法》说的试上一试，您说怎么样？"

田忌一直听得津津有味，最后听到孙膑在叫他，这才回过神来，说："妙！太妙了！一切都听先生您的。"

孙膑说："那就请南攻平陵。"说着，他伸手指点着地图上的平陵。平陵处在由桂陵往偏西南方向通往大梁的道路上，离桂陵六十多里，离大梁不到百里，是魏国边境的一个小城。"平陵，这个城很小，但它所属的县却很大，人口众多，兵力强大，所以平陵是魏国东阳地区的战略要地，难以攻克。进攻这么一个难以攻克的战略要地，会指挥打仗的人是不会这么做的；而我们却这样做，这就是'示疑'，让庞涓怀疑我们不会指挥打仗，于是轻视我们，不理我们。同时，我们攻打平陵，还出于另一方面的考虑：平陵就在魏国插进宋、卫之间这个

171

尖尖上，往南一点就是宋国，往北一点就是卫国，由桂陵通往平陵，又有卫国的币丘挡着我们的路。我们进攻平陵，要路经卫国，要从卫国、宋国取得粮草，而这两个国家都是我们的友好国家，我们怎能忍心这样做呢？我们不忍心这样做，就无路可走，无处取粮。所以说我们进攻平陵，就是向庞涓'示形'，让他觉得我们是在干一种昏头昏脑的事，那他就更不会理我们了。"

于是，田忌指挥部队，拔寨移营，向平陵进军。

到达平陵，在部署部队攻城之前，田忌又让牙将袁达请来孙膑并问："事情将怎么办呢？"

孙膑说："这次带兵的都大夫们，办事不行的都有谁呀？"

田忌说："齐城大夫和高唐大夫。"

孙膑说："那好，就让他们两个带兵攻城。"

于是，齐城大夫和高唐大夫便接受了攻城的任务，开始行动。他们把部队分成两部分，攻城的时候，没有云梯，而攻城士卒缘城墙而上，攻了一次又一次，都没有成功。

魏国的细作刺探到这一情况，立即飞马报告给正坐镇郓颛的庞涓。庞涓冷笑着说："齐城大夫和高唐大夫，我早有所知，是两个有名的笨蛋。他们攻平陵，不用云梯，这不是犯了兵书上说的'蚁附'的大忌？就更证明他们是两个笨蛋了！齐国攻我平陵，目的是调我回去，不让我攻赵，这真是可笑！他们没有能打仗的将领，首战就派出这两个大夫！我黄城和卷城两支后卫部队出发不久，离大梁不过二百里，可回头对付他们。我让挟菅为将，指挥这两支后卫部队，力量就足够强劲有力了，何况和主力部队又没中断，我就不必再担心什么了！这两支后卫部队回头袭击齐城、高唐二大夫的背后，二大夫就可被杀。"

庞涓果然按照孙膑的意图行动，只命令黄、卷两支部队对付齐军，仍按原定计划指挥主力渡河攻赵，包围邯郸。挟菅得到庞涓的命令，指挥黄、卷两支魏军，从齐城、高唐二大夫的部队的背后，进行左右夹击。于是二大夫的部队被打得大败，士卒溃散。

这时，田忌又会见孙膑问："我们进攻平陵，没能攻下，反而失去了齐城、高唐二大夫的士卒，我们被人家打败了！现在，事情该怎么办呀？"

孙膑说："现在，该是庞涓攻下邯郸的时候了，也该是我们把庞涓调回来的时候了。那就请田将军轻车西向，驰抵大梁之郊，以此来激怒庞涓，威胁他的国都，他还不回来营救？但必须注意要分散兵力，给庞涓'示形'，使他觉得我军兵力单薄，他就不会投入全部兵力和我军对抗，这样，我们打他也就比较容易了。"

田忌按照孙膑的意图下达了命令。

这时，邯郸在魏军重围之中，等不来齐国的救兵，守将平选便献城投降，庞涓即派人向魏惠王报捷。当他正在考虑着向邯郸城里进军的时候，报捷的人回来了，向他报告了齐军抵达大梁郊区的情况，并带

围魏救赵

来了魏惠王要他回师营救大梁的命令。庞涓十分惊讶，又细问齐军的情况，得知其兵力单薄，即稍稍心宽，但魏惠王的命令必须执行，他便弃辎重，带二万兵士轻装回师。

在离桂陵二十里处，庞涓便遇齐兵。原来孙膑早在桂陵设好埋伏，布成"口袋"阵，专候庞涓。当袁达报告了庞军回师的消息，田忌进一步加强准备，就让袁达带三千人，截路搦战。庞葱前队先到，袁达迎住厮杀。战了二十多个回合，袁达诈败而逃。庞葱恐怕中计，不敢追赶，却回来报告庞涓。庞涓斥责他说："你连个偏将都不能捉拿，又怎么能捉住田忌呢！"于是就亲自带领大军追赶。

快要追到桂陵时，只见前面齐军排成阵势，庞涓乘车观看，正是孙膑初到魏国时摆的"八阵"。庞涓心疑，想道："那田忌怎么也晓得这个阵法？莫非公叔痤说的是真的，孙膑真的回到齐国了吗？"

马上也摆队成列。只见齐军中闪出大将"田"的旗号，推出一辆戎车，田忌全副披挂，手执画戟，立于车中，口里喝道："魏将上前答话！"

庞涓亲自出马，对田忌说："魏齐一向和好，魏赵有怨，与齐有什么关系呢？将军不讲和好，却来结仇，实在是失策！"

田忌说："赵国把中山国的地面献给我主，我主命令我率领军队营救中山国。如果魏国也割数郡地面，交到我手里，我就马上退兵。"

庞涓大怒说："你有什么本事，敢与我对阵？"

田忌说："你既然有本事，能认出我摆的阵吗？"

庞涓说："这是'八阵'！我受教于鬼谷子，你从哪里偷来的，反来问我？"

田忌："你既然认得，敢打此阵吗？"

庞涓心里犹豫，如果说不打，岂不先灭了志气？于是就严厉地说："既然能认，怎不能打？"

庞涓悄悄吩咐庞英、庞聪、庞茅说："我曾听孙膑讲过此阵，粗略知道攻打的方法。这八阵，四面正中为天、地、风、云四正门，四角为龙、虎、鸟、蛇四奇门。只有四奇门才是队伍排列的地方，四正门中，天门、地门是插旗的地方，云门、风门是插幡的地方，居中是大将指挥的地方，所以我们就往插旗、幡的地方冲，我冲天门，庞英冲地门，庞聪、庞茅冲云门和风门，定会如入无人之境，一举破阵。"

庞涓吩咐完毕，自率先锋五千人，直冲天门而去，庞英、庞聪、庞茅也各率五千人，分别向地门、云门、风门冲击。庞涓才入阵中，只见八方旗色，纷纷纭纭转换，认不出哪一门是天、地、云、风，哪一门是虎、龙、蛇、鸟了。他眼花缭乱、心急如焚，才回想起孙膑说过："这个阵法是起于五而终于八，变而成八，化而为一"。庞涓越是回想就越是后悔，后悔没有向孙膑学摆此阵，没能掌握那变化之法；他越是后悔就越是眼花缭乱、心急如焚，索性孤注一掷，左冲右撞，哪管他天、地、风、云，还是龙、虎、鸟、蛇哩。只觉得天上是风云

绝世奇才 孙膑

174

变色，地上是龙腾虎跃，远处是千鸟翻飞，近处是万蛇盘旋；只听得金鼓齐鸣，四下呐喊——这是此阵正变而成八，使庞涓觉得纷纷纭纭。他抬起头来，只见竖起的旗上，都有个"孙"字。这时此阵已化而为一，"即化则混混沌沌，形散而势为一"，庞涓这一见，不禁大惊，心里说："孙膑果然在齐国，我中了他的计了！"

正在焦急，却遇庞英、庞聪从两路杀进，单单救出庞涓，而他所率的五千先锋，不剩一人。问庞茅哪里去了，才知已被袁达所杀。两万兵士已全部损失，庞涓非常愤怒。

原来孙膑当年只在魏惠王面前进过八阵的摆布之法，未讲变化之法。庞涓只听过摆布之法，未听过变化之法，怎能破得？这变化之法只存在于孙膑的头脑中，因敌而异，因势而变，是无穷无尽的；如今孙膑把庞涓引进八阵，用变化之法战而胜之，庞涓不知此变化，孙膑的士卒也不知此变化，这正是孙膑所用的孙武之言："人皆知我所以胜之形，而莫知吾所以制胜之形。故其战胜不复，而应形于无穷。"

在实施"围魏救赵"战略方针的过程中，孙膑作为齐军事实上的总指挥，在指挥艺术上出神入化：他先指挥齐军南攻平陵，平陵未能攻下，齐军还受到一定损失；孙膑又派"轻车西驰梁郊，以怒其气"，庞涓果然信以为真，弃其辎重连夜赶来；接着孙膑设伏桂陵，攻其无备。真是一计接着一计，一环紧扣一环，从而牵着敌人的鼻子走，变不利为有利，变均势为优势，争得了战争的主动权，最后水到渠成地歼灭了敌人的有生力量。因此，桂陵之战作为我国战争史上以弱胜强的经典战例而载入史册。自孙膑创造性地使用"围魏救赵"战法以来，这一战法一直为历代军事家所推崇，成为他们用兵作战的重要指导原则和克敌制胜的重要谋略。

这八阵，如今在孙膑故里山东省鄄城县孙老家之北十里许的孙花园还保留着遗迹。该村街道、胡同与别处不同。全村共有两条街，一条正街，一条月厌街。两街既无正南门、正北门，又无正西门，只有正东门。另外还有西南门、西北门、东北门。村内共有九条胡同，每

威震四方

条胡同直走都不通，不是房挡就是墙堵，斜走则皆可通。九条胡同形成九宫，宫宫不同，各有妙用：或可诱敌深入，或可让敌迷向，或可威震敌胆，或可出奇制胜……从而形成了一个八卦阵布局。相传这就是孙膑当年的精心设计，后人为表示对孙膑的尊敬和怀念，至今仍保留着这种奇特的格局。该村至今还流传着这样一首古老的歌谣："月厌河建花园。始祖训记心间，八卦阵世代传。建胡同辖把关，荒岁月保平安。"

烽烟又起

魏惠王本来计划吞并赵、韩两国后再收拾齐国，最终实现号令天下的大业。但没想到齐国会横插一脚，使魏国攻赵的行动功败垂成，结果不仅未将赵国灭掉，反而使自己的争霸事业受挫。他痛定思痛，更加认识到齐国是魏国霸主地位的最大威胁，决心有朝一日一定要彻底消灭齐国。为此，桂陵之战后，魏惠王也接受了一些教训，重新重视魏、韩、赵联盟在魏国争霸事业中的战略地位，并加紧修复与韩、赵两国的关系，以共同对付其他各国，扭转在战略上的被动局面。

桂陵一战，庞涓险些送命，多亏庞茅、庞聪等人相救，否则庞涓早死在乱阵之中了。虽然在后来的西征中从秦人手中夺回西部全部失地，魏惠王又重新给予他宠幸和厚爱，但是，桂陵山前的耻辱他却怎么也抹不去，他立志誓死也要报此仇。庞涓历来承认孙膑比自己智高一筹，就为这才把他刖为废人，叫他永世不得出仕为官。但是，没有想到，孙膑终究当了齐军的军师，且坐在桂陵山上泰然自若地看着他被如潮的齐兵拥来操去，这让庞涓愤恨不已。因此，回到大梁后不久，他派一个心腹前去贿赂齐国国相邹忌，可是，这个心腹如石沉大海般一去便杳无音讯，死活不明。一晃十年过去了。一天，庞涓又唤来一个心腹，交给其三千金和几样宝贝，如此这般地交代一番后，那个心腹拿上金银珠宝便上路往齐都临淄去了。

庞涓欲起兵讨伐齐国，可又担心魏惠王不同意，因此就想：欲报此仇，还得联合太子的力量，于是，前往魏王宫找太子申商量。

太子申才从赵国邯郸回大梁。头几年里，不断有人在魏惠王面前说他的坏话，他能够安全回国已经是万幸了。因此，也不想争什么，只求日子平安过得去就行。庞涓的拜访叫他吃惊不小。太子申让庞涓坐下后就问："庞大将军亲自登门，有何指教？"

庞涓说："太子久离大梁，想必也听说有人在大王面前非议太子，好在大王仁德、公正，没有偏听偏信。否则，太子恐怕就不是坐在这里了！"

太子申很紧张。他不在大梁的时候，王宫里都发生了什么事，他就是知道得再多，也没有庞涓知道得多。他虚心地说："多谢大将军关怀。我年纪虽轻，却也想建功立业，为国家做出贡献，让那些非议我的人自动把流言息止住。可是，我不知道应该干什么。请大将军明示！"

庞涓说："眼下，我们跟秦国关系不错，该夺的都夺了回来，该要的也都要了过来，赵国因为有邯郸的教训也显得老实多了，其他小国就更不必说了。大王又经过逢泽会盟，把天子的旗号也打出去了，十二诸侯哪个不恭恭敬敬、老老实实待咱魏国？可是听说只有东面的齐国和南面的楚国不服气，还说要联合起来讨伐我国。我想，我们一道去说服大王，由你我统兵，咱们先下手为强，去讨伐齐国。齐占据东方有利地势，一心与我国作对，其企图吞并我魏国而称霸中原的野

威震四方

心，世人早已看清。过去，我国忙于西面战争，没有时间考虑东方之事，这几年太平许多，可齐国并未把我魏国忘却。我认为现在讨伐齐国是时候了，只要我们认真研究，细心策划，凭着大王的军队，凭着太子您在三军的威望，咱们齐心合力，一定能够打败齐国，割他土地，占他城邑。那时候，太子凯旋，举国上下欢庆胜利，大王一定对您的圆满功德而感到欣慰。太子之位也就没有人敢觊觎了。"

太子申果然被庞涓的话打动。于是，两个人一起去拜见魏惠王。魏惠王还没听完庞涓的陈述便高声叫道："正合寡人之意！"

君臣不谋而合，于是接下来研究的问题就是什么时间攻打齐国、攻打齐国的什么地方、从什么路线去及具体作战方略。

庞涓说："大王，臣下以为齐国西域靠近赵国、卫国及我国边境，武库多，防御能力强，兵精车众，且有齐长城及大河，济河的阻碍，还有许多水泽、沟渠拦阻，不利于我大军作战。我欲伐齐最实际可行的战略目标应当是兼并莒地（今山东省莒县）。"

庞涓又说："我与太子商量后认为此次伐齐，当作为灭齐的第一步。先并莒，且以莒作为强大的根据地，一步步向北，逐渐夺齐地为我魏国所有，到那时才真正能摆脱我国目前处于的东西南北四面八方被包围的被动处境。"

魏惠王的精神异常振奋，眼泪几乎都流了出来。

庞涓受宠若惊，慌忙跪倒拜谢，并说："齐与臣下有不共戴天之仇，灭齐当是臣下义不容辞的责任。臣下愿领兵前往伐齐！请大王下令！"

太子申也慌忙跪倒请战说："父王，儿臣愿随庞大将军一同统兵伐齐！"

魏惠王允许了，正欲颁旨，却忽然想起如此大事应当听一听国相惠施的意见。

于是，魏惠王把欲准备讨伐齐国的打算告诉了国相惠施。不料，惠施说："大王伐齐不如攻韩。韩国近在眼前，土地千里又在魏国的怀抱之中。齐国在东方，调动军队远征夺利不如就地近割。况且韩国有许多错误把握在我们手中，大王攻韩也是行正义之师，别人说不上什么。"

魏惠王静心一想，不禁怒火满腔、肝胆欲裂。韩国，本为三国之一，他们魏、赵、韩从根上本来就是一家人。可由于魏国在文侯时就称霸天下，因此一直强于诸国，才招来他国的嫉恨和仇视，最终导致几个国家携手一起来攻打魏国。远的不说，十几年前的魏国包围攻打赵都邯郸，本来是魏、赵之间的事情，可齐、秦、楚非插手不可，搞得魏国顾东顾不上西，顾南顾不上北。经过魏惠王及时调整战略部署，与东方、南方、北方修好，而专对西方，才挽回点面子，才有乘夏车、称夏王，统领十二诸侯国共朝天子的光鲜荣耀的逢泽相会。可是，逢泽相会，齐国、楚国公然拒绝参加。他们倚仗自己险要的地势、优越的山川，倚仗自己是七大诸侯国之一而不把魏国放在眼里。魏惠王心中倒也能够平衡，毕竟遭受强手嫉妒说明自己的实力威胁到了他们。可是，韩国竟也公开反对相会，还跑到齐国与楚国等大国聚会，扬言要共同讨伐魏国。魏惠王才从逢泽回来的那些天，整日提心吊胆，不知道多国联军会于哪一天的傍晚或黎明突然兵临城下，进攻大梁，有时一早醒来，摸摸头上全是冷汗。他庆幸战争并未爆发。后来他才渐渐过起太平安稳日子。

惠施的提醒，使魏惠王暂时改变了伐齐的决定，而决定首先攻韩，一旦韩国老老实实俯首听命于魏了，再同韩师一同伐齐也不晚。

于是，魏惠王派庞涓统大军攻伐韩国都城郑（今河南省新郑市）。新的一场大国的战争就这样又开始了。

韩国国都郑及阳翟、南梁等几座城邑同时被魏军包围。魏军此次来势汹汹，似要一举灭韩。韩昭侯紧张得急忙派使臣前往齐国求救。

齐王宫里，齐威王正召集了文武大臣们商议救不救韩的问题。

齐威王说："魏国重兵进攻韩国，韩侯派人求我国相救。寡人拿不定主意。救，还是不救？请你们帮寡人拿个主意。"

邹忌说："不如不救。救，势必损耗我国力、军力；不救，则可避免诸多损害，况且魏侵韩，而不是侵齐。"

田忌说："应当相救，而且应当快救。救晚了韩国必亡，而韩国亡对我齐国没有好处。"

邹忌说："田大将军此话严重了。魏攻韩显然为韩没有参加十二诸侯逢泽相会之事，也只是教训教训韩国，却不会兴师灭韩。大将军把韩侯的军队看得也太无能了！"

田忌针锋相对地说："邹国相分析得极对，只是韩国不被灭掉而投降魏国，难道对我齐国有利吗？"

邹忌不想再让田忌、孙膑有立功机会，于是竭力阻挠派兵救韩之事。他说："既然田大将军承认韩国不会被灭掉，我齐国大可不必惊慌失措。我国国内还有许多事要做，却不做，反而驱兵几千里去为异国谋划利益，这恐怕不是明智之人的举动！"

田忌说："韩国被魏军攻伐，韩军必败，这是不言而喻的。韩军失败而韩国投降魏国，对我齐国只有危险而无半点好处。我齐国救韩实际上是守护自己，怎么能说是仅仅为别人谋划利益呢？难道说，邹国相主张不派兵救韩是为了魏国谋划利益吗？"

邹忌恼羞成怒，顾不上正在齐威王面前，便指责田忌说："难道大将军受了韩国的好处？否则恐怕不会如此迫切主张为韩国出兵。"

田忌被呛得面红耳赤，连讥带讽地说："照国相的说法，国相是不打自招。国相一定是受了魏国重礼才如此坚定地不赞成我国出兵伐魏的！"

邹忌一听，立即还欲说什么，齐威王不耐烦地说："邹、田二卿勿争。此次救韩事关重大，你二人意见不合，寡人心中很是担忧。你们再冷静想想，此事明天再议。"

邹忌回到府中，就觉胸中一口恶气未出。一直在寻找机会、等待良机除去孙膑和田忌的他，此时怎么能甘心眼看着又一次立功封官的机会降临在田、孙二人头上呢？他暗下决心：定要阻止齐威王做出派兵救韩的决定。

公孙阅听说了朝堂上邹、田二人争执的事，便对邹忌说："国相此次失策了！"

邹忌不解："失策？让他们去伐魏才失策！每战孙膑必赢，回来后，我这国相恐就当不成了。"

公孙阅说："国相此为下策。我有上策，不知国相愿意听否？"

邹忌说："快说吧！"

公孙阅说："国相应当赞成齐国出兵。如果田忌打胜了，这是您国相谋划的结果；如果打不胜，那是田忌畏缩不前，交战而不敢拼命，不勇往直前，遭受挫败，到那时就会被国法诛杀。"

邹忌眼前一亮，说："此计甚好！我就按先生所言，力主齐王发兵救韩。"

齐威王再次召集大臣商议救韩之事时，邹忌果然极力主张立刻发兵，全力救韩。齐威王很高兴，说："你们将相终于能够想到一起了，寡人很高兴。"齐威王忽然记起孙膑还没发表意见，就问："军师，你是怎么想的？"

孙膑说："大王，臣下以为我国当采取'深结韩之亲而晚承魏之弊'这一策略。对韩国是一定要救的，但不是早救，更不是马上出兵去救。我国军队必须为我国利益服务，过早出兵就等于代替韩国作战，而且韩国也是个强国，一旦齐、魏两败俱伤，到头来我国还得听从韩国的摆布，这是对我齐国利益所不利的啊！只有先答应救韩，让韩、魏互相激烈拼杀，然后再出兵拯救危亡之韩，攻击疲惫之魏军，这才对齐国有利。"

齐威王十分高兴，说："军师此计甚好！这样既可以加深与韩国的亲密关系，又可以乘魏国军队疲惫而攻击它，这正是一举两得，重利与尊名双收啊！"

于是，齐威王亲自答应韩国使臣的求救，鼓励韩国要全力抵抗魏国的侵略，让使臣先回国。

韩昭侯自以为有齐国的支持，果然坚定信心，组织全国军民合力抗击魏军。但是，韩国毕竟不是魏国的对手，仗越打越艰苦，人员伤亡越来越多，武器及粮草渐显匮乏而供应不上。终于坚持到第二年（即公元前341年），韩国已五战五败，陷入极其危险的境地。此时，魏国军队也受到一定的创伤，死亡人数不少，且军队长期作战，疲惫至极。

韩国五战五败的消息一传进齐都临淄，齐威王又召众大臣商议出兵之事。齐威王问孙膑："军师以为此时出兵如何？"

孙膑说："这正是一个最佳时机。"

于是，齐威王下令：齐国军队立即出发伐魏救韩。兵力共计十万。而对于调用何地的兵力，田忌和邹忌竟然不谋而合地想到了一起。田忌主张除调一部分京师外，其余全调齐国五都之一的南境莒地（今山东省莒县境内）的边防常备军。

田忌掌握着全国军队建设的情况。尤其是近些年，他实行孙膑的许多加强军队建设的主张，不但号召下属严格管理军队，他还多次到各都巡视、监察，并亲自过问许多建设性工作的进展情况，深得下级的拥戴。边防军队的建设也由此得到巩固和加强。莒是齐国五都之一。调动莒地的守军还有一个考虑，就是一方面可以使军队迅速投入战斗，另一方面可节省大量开支。这也是他与孙膑研究的结果。在说到为什么派南境之兵伐魏时，田忌说："我齐军自南境出兵西进伐魏，途中，除渡过边境附近的泗水外，自东向西整个地势基本是低平坦荡的，这便于我军进退自如。如果从齐城或高唐等西境出兵，不仅路途遥远，而且地形复杂，水泽成片，不利于我军立即投入战斗。第三方面的考虑就是眼下楚国正全力在越国境内平叛，顾及不了我国。因此，从我国南境调出一部分兵力伐魏不会影响我边防的力量。"

邹忌主张出动莒地军队则是出于另一种考虑：莒地是后来并入齐国的，莒地百姓还一直惦念着恢复莒国，莒地军队就那么一心一意为齐国去与魏军作战吗？另外，莒地在并入齐国前是楚国地盘。约在公元前378年，越国自琅琊（今山东省胶南市境南）迁都于吴，齐国趁机占领了莒与郯（今山东省郯城县）。眼下，楚军虽不会全力来夺莒地，但也没准在齐国调出了莒地军队后而与齐国争夺莒地呢？即使田忌在伐魏战争中获胜，那么在迎击楚军进犯时必定失败，这样，同样可以达到除去田忌和孙膑的目的。

齐威王为邹、田二人又想到一起而高兴，他说："既然你们将相都主张从莒都出兵，寡人也就没有别的意见了。"

马陵之战

韩国得到齐国出兵援救的允诺，人心振奋，众志成城，奋起抵抗魏军的进攻。但终究实力不支，虽奋勇抗战，但五战都败了。在韩国危亡之际，公元前341年，齐威王决定以孙膑为军师、田忌为主帅，率十万大军前去救援。田忌和孙膑没有去韩国与魏军直接交战，而是率军从齐南境过临沂、郯，经下邳（今江苏省邳州市）、彭城（今江苏省徐州市）向西直趋魏国边境，并直逼魏国国都大梁。这似乎是桂陵之战的故伎重演。

就在齐国大军逼近边境的第一天，庞涓就得到了军情急报。不久，侦察人员又提供了更为详细的情报：齐军从高唐方向越过魏齐边境，分三路齐头并进，打着田忌、孙膑等齐军将领的旗号。

进军韩、魏的路上，孙膑望着车马如潮、剑戟如林隆隆向前的齐军队伍对田忌说："大将军，这一仗可不轻松啊！"

田忌被滚滚黄尘呛得不能说话。片刻，他喘了口气说："是啊，韩国、齐国两个国家的命运就系在这支队伍身上呐！"

孙膑说："这一仗咱们只能打胜，不能失败！"

田忌也信心十足地说："对，只能打胜，不能失败！"

越过黄尘的缝隙，田忌和孙膑会心地笑了。

才出齐境，进入宋国境内，田忌说："我想引兵直接去韩国都城郑，军师认为怎么样？"

孙膑说："这样不可以。眼下，韩国境内布满魏军，我军千里远征而去，马乏人疲，而敌人以逸待劳。仗还没开始打，局势就于我军不利。此仗不能这样打。我们还是采取救赵的策略——直捣魏都大梁，攻其必救，魏兵自然回师自救，然后再筹划消灭它。"

田忌担心地说："这个计策虽然好，只是上次庞涓回师自救，追踪到桂陵被打得大败，此次就怕他识破计谋而不予理睬。"

孙膑说："不怕他不救大梁。只要咱们像真的进攻大梁一样，他不敢不回来救。上次庞涓上当而败，十几年过去了，这一次，他同样也会中计。庞涓这个人我了解，他只认为自己最聪明，世上谁也比不上他。加上这几年又打了几个胜仗，他只会更加骄纵，而绝不会学得谦逊乖巧。"

田忌赞同孙膑的意见，欲指挥下属轻车精兵直袭大梁，孙膑说："不，这一次，咱们要摆出一副真的要进攻大梁的架势。十万大军齐装上阵，一个人不掉队，一辆车不落后，浩浩荡荡、直捣大梁！"

于是，齐军十万人马如洪水一般汹涌奔腾直奔大梁。

大梁城里，一匹快马刚来报齐军行至何地，魏惠王又焦急地等待着下一匹快马。他就如热锅上的蚂蚁一样坐立不安、寝食不宁。他派人去召庞涓挥师回救，庞涓还没到，眼看着齐军就要到了，魏惠王心急如焚，更恨得咬牙切齿。

终于，传来庞涓领兵已进大梁的消息。魏惠王迎出宫门，看见庞涓风尘仆仆已驱车向他而来，心里的石头这才落了地。

回到宫里还没坐稳，魏惠王说："齐国是我魏国的仇敌！上次我伐赵攻克邯郸，齐军袭我大梁，且败我于桂陵。今天，我伐韩都郑，齐又出兵直奔我大梁而来，迫使寡人不得不撤伐韩之军。为雪上次桂陵惨败之恨，为报这两次出兵之仇，庞大将军你即刻辅佐太子一同迎击齐军！"

庞涓辛苦了近一年，频繁的战事把他折腾得又黑又瘦。此次回师救大梁，他心中憋了一肚子火。上次攻克邯郸，是齐军攻大梁，他被迫放弃邯郸而挥师回国，最终攻邯郸的辛苦前功尽弃；这一次，与韩军作战近一年，五战五胜，眼看韩国支撑不住，就要宣告投降，又是齐国大军逼境，他不得不服从魏王命令从韩国撤军。万幸的是，他早齐军一步而进入大梁，这样，大梁城是没有危险了。可齐军竟敢直捣魏国国都大梁的胆略直把他气得心肺欲炸，肝胆欲裂。这时，庞涓又听魏惠王说："此次迎击齐军，太子申为上将军，庞涓任将军，统兵十万。立即投入战斗准备！"

庞涓听后心里陡然升起一股寒气。这一次，魏王没有把兵权全部交给他，而是任太子申为上将军，他只任将军。难道说魏王对他失望了吗？伐韩五战五胜的战绩是他庞涓取得的，太子申只坐在王宫里吃喝玩乐，无所事事。可这次，刚取得大胜的庞涓被降职使用，且辅佐一个不懂用兵的公子哥儿，庞涓心中郁闷，可又不便表达，只好强忍不平，接受任命。

忽然，又一快马驰进大梁，直奔魏王宫。不一会儿，消息报告到了宫中朝堂："齐军闻我大军回都城已向东撤去。"

魏惠王一屁股坐在王位上，长出了一口气。庞涓说："大王，齐军闻我军入大梁而东撤，实在是惧怕与我交战。臣下想，现在正是伐齐并莒的好时机。臣下愿辅佐太子一同统兵追击齐军，攻打齐国莒地。"

魏惠王又问："齐军东撤往哪条路上走的？"

探马回道："往正东宋境而去。"

太子申上前请战道："正东过来的即齐国莒地，宋已顺服我国，我再将莒并入我国，我强魏即刻摆脱四面被围的局面。请大王准许我与将军率师伐齐！"

魏惠王三思而后说："伐齐并莒乃寡人之夙愿。此次伐韩既胜，挥师伐齐也未尝不可。只是，寡人担心我军长年疲惫，而齐军人强马壮，战争态势似乎于我军不利。"

庞涓说："我军虽连年征战，但我军是胜利之师，士气旺盛，身体虽疲惫，但精神高昂，且这次伐齐并莒后即可卸甲休整，臣认为不以为虑。"

魏惠王仍然迟疑不决地说："非是寡人多虑。你与太子率军追击齐军，寡人无虑，因是在我境内作战，万一不利，可随时增援。而要是统兵远征齐国，虽然宋国慑服于我国，且南面楚越战事繁忙，又顾及不上我们，即使顾上也绝不会阻拦我们举兵。还可能会帮助我军，毕竟你们是孤军冒进，万一有个好歹……"

庞涓说："齐国是我魏国的宿敌；齐军就是我魏军的死敌。强敌不除，于我国、我军均不利。况且上次桂陵失利的大仇未报，我全国、全军难咽这口恶气。大王担心的是兵员及给养的补充吗？"

魏惠王说："正是。"

庞涓说："大王忘了宋国这一巨大的兵员和军需供应基地了吗？"

魏惠王恍然道："爱卿提醒了我。寡人倒把宋国给忘记了。对，可以从那里调兵、调马及粮草。上次打邯郸咱们还用了人家不少人和东西啊！"

魏惠王如释重负，随即定下伐齐并莒的决心，命庞涓和太子申统兵十万追击齐军，兼并齐国莒地。

齐军才过外黄西，忽闻庞涓率师回救大梁，在军师孙膑的安排下，便不再逼近大梁，只草草屯兵待动，似乎一副畏缩恐惧的架势。只在外黄西停留了不足一日，果然齐军起兵东撤，人喊马嘶，且队伍匆忙慌乱，十万大军未战先怯，踏上了撤回齐国的道路。

齐军行军三天，还没有到彭城，就已经丢下了许多病马、残车和武器。

这天，孙膑说："今天只供五万人的饭，其余的人马迅速撤离我国境内郯地等待命令。"

田忌依照孙膑计谋安排妥当。

第四天，齐军已经过了彭城，孙膑说："今天只供三万人的饭，其余人马火速撤离郯地集结待命。"

田忌安排妥当后回到孙膑身边，再也抑制不住激动和振奋的心情，对孙膑说："军师，我知道你在用什么计谋了！"

两人会心地笑了。孙膑说："绝对保密，万一让庞贼识破，我们将前功尽弃。"

田忌说："军师考虑得好周到，一路上，已经扔下了不少军用物资，而且宋国百姓也在讥笑我军怯战，军师还有什么好顾虑的呢？"

孙膑说："正是。桂陵之战，庞贼已上过一次当，此战我虽采用退兵减灶的方法，但仍担心被庞贼给识破。"

这时，近侍子有上前说："军师之虑，小人已经猜出几分。小人请求做魏军向导，助军师一臂之力。"

孙膑很为子有的自我牺牲精神而感动。他问子有："引魏军追击我军，被识破则被魏军杀；不被识破则被我军误杀，你害怕吗？"

子有说："不怕。"

孙膑说："那好，你就留在此地等魏军赶到，想办法让魏军相信你是掉队的散卒。接下来……"孙膑十分周密地交代了一番。

被庞涓安排在孙膑身边的密探庞龙紧跟在撤退的齐军队伍中，被慌慌张张忽聚忽散的人群拥来操去。忽而被挤到路东，忽而又被挤到路西。他被这潮水一般的人流和战车、战马挟裹得不能自已。他虽也像其他士卒一样装出一副慌不择路、狼狈逃跑的模样，心里却为齐军的闻风丧胆、不战即溃而得意扬扬。行至第二天时，他就想找个机会

威震四方

溜掉，可转念又想：都说孙膑厉害，可齐军未见魏军的面就一副败逃的模样，不知是否正是孙膑之计？他决定留下，弄到准确情报，然后再找机会溜走，于是，他一直跟随大部队，向齐国方向撤退。由于他不是孙膑的近侍，不能像子有那样时刻跟在孙膑身边，因此，齐军的作战企图和孙膑的预谋计划只能靠他的观察、分析来揣测、把握。

第三天，他发现吃饭的人马少了几乎一半，他心里害怕，不知道另一半人去了哪里。他向身边人打听："兄弟，怎么今天吃饭的人这么少？"

那人说："只管吃饭，啥也别打听！这是我军的纪律，你难道忘了？"

庞龙猜测：也许那一半人马就埋伏在附近。

可是，吃完饭，齐军又继续前进。这不能不让他怀疑：孙膑不会把五万人马扔下不管，那不是白送给魏军吗？可是，那五万人马不翼而飞、不知去向，实在令他恐惧。

第四天，庞龙故意行进在大队人马的前锋，找了个熟面孔挤在队伍中。然而，到了吃饭时间，这支队伍却没停，而是更加迫切地逃往齐国。此时，齐军另一部仍置于宋国境内。早几个小时踏入齐国土地，以避免与魏军的遭遇，这是人心所向。但是，庞龙发现，并不是所有的齐军都这么迫切地想走出宋国，踏上齐地。

庞龙留下，与近三万人一起在荒郊野外就着寒风吃午饭。

吃完饭，大军又向东前进，庞龙依然疑惑不解，不知其中是否有诈。

第五天，齐军进入齐境，队伍似乎为之一振，不再表现出匆匆忙忙、狼狈败逃的模样，倒像是一支训练有素的军队。然而，向齐国内地开进的速度却并未降低，而仍在加快。

庞龙感觉，齐军似乎在急切地奔向一个神秘的去处，且这去处就在前面不远的地方，齐军似乎必胜信念很强，仿佛前面已经招展着胜利的旗帜，而身后已擂起进攻的战鼓。

突然，庞龙仿佛看见一个巨大如天的陷阱就摆在齐国境内，等待着魏军的到来。他不寒而栗，假装丢了鞋子而故意落在了队伍后面。

魏国方面，庞涓和太子申率领魏军十万，以飞马疾驰的速度紧紧追赶着齐国的大军。

马陵之战示意图

第一天，庞涓大军仍在宋国境内，忽听前面有探子来报："发现齐军十万人军灶!"

庞涓一惊：齐魏兵力均为十万，旗鼓相当，不可轻敌。他指挥大军继续东进，日夜不停，在第二天追至距彭城八十余里的地方，忽然听见探子又来报："发现齐军五万人军灶!"

庞涓又是一惊："齐军兵力减为五万，那其他五万人去了哪里?"

庞涓下令："抓几个当地人来问问!"

不一会儿，有一老一少被抓至军前，庞涓亲自审问："你们可看到有齐国大军向东去了?"

"看到了!"一老一少不约而同地说。

"他们可是举着旗子，排着队向东去的?"庞涓又问。

老头说："将军听后一定会为魏军的威风而骄傲。那齐国军队慌里慌张，乱七八糟，田里、山上到处都是。有的往齐国跑，有的就往别的路上奔了，当官的喊谁也喊不住，听说还没打仗就逃跑回国了，宋国百姓都为他们感到羞耻。"

少年说："都说齐军怕魏军，我这次才真的看到。果然魏军个个高头大马，车多人多，齐军一边走一边散，大路上走的人越来越少。"

庞涓让人放了这两个宋国人，策马扬鞭而去。

魏军又疾驰在直奔齐国莒地的大路上。

第三天，天才亮，庞涓派出去的探子就又来报了："前面发现齐军三万人军灶！"

庞涓大喜，对太子申说："齐军果然害怕我魏军。齐军历来被三国之军看不起，说他们是胆怯鼠辈，果然如此！齐军闻我大军追赶，头一天还是十万人，第二天就剩了一半，第三天就只剩三万人。这一路上被弃齐军人马、战车，太子也已经看到。我军只需再赶一夜便可追上齐军，恰好在莒地消灭它。"

太子申心中空虚，对庞涓所描绘的胜利没有把握。他说："庞将军分析深刻，只是，齐军这么快即已溃散，未与我军交战就损失一大半，恐其中有诈，我军不能不防。"

庞涓说："太子心中多疑，于我军速歼溃逃齐军不利。太子只要对一路所获敌情加以分析，就不难得出我所说的结论。"

太子申说："庞将军不可太轻视齐军。将军难道忘记了十几年前的教训吗？"

庞涓像被揭了伤疤一样疼痛难堪。他仇视齐军，更仇恨孙膑。正是为了要报十几年前的深仇大恨，他才如此千辛万苦，亲率大军紧追齐军，紧追孙膑。他不理会太子申，只身率大军追击齐军，又担心仗打完后惠王加罪于他，只好强压住怒火和不满，说："好吧，我听上将军的。"

忽然，有人将子有推到了庞涓跟前："报告将军，抓住了一个齐军的逃兵！"

庞涓如获至宝，对太子申说；"只要审问齐国逃兵，听你的，还是听我的，自有公论。到那时，如果太子害怕与齐军交战，可留在宋国境内，我独自领军前往莒地消灭齐军，占领莒地，可好？"

太子申六神无主地说："就依你。"

庞涓审问子有："你说，齐军过去多久了？"

子有装出一副胆怯相，说："过去一天了。"

庞涓又问："齐军是沿这条大路回国的么？"

子有说："大队人马是，少数零散兵卒沿小路四散而去了。"

庞涓想，果然如他判断的一样。他又问："齐军未与我大军作战即自行瓦解，齐军将领不管束吗？"

子有说："齐军的军纪是很严的。你看，我只说我跑不动了，当官的就拿鞭子抽我！将军请看！"

庞涓在子有身上果然看到许多青紫的马鞭抽痕，且许多地方血流得染红了军衣。

子有又说："尽管军纪很严，可一个军官能挡得住十个人逃跑，却挡不住一百个人逃跑。有的军官无奈，怕牵连问罪，只好也跟着一起逃了。"

庞涓更坚定了自己的判断。他对子有说："你领我魏军追击齐军可好？"

子有忙跪地磕头求饶："将军饶命，如果让齐军知道了，定斩我全家九族，万万使不得！望将军饶小人不死，我来世再报答将军！"

庞涓不由分说，让人把子有捆了扔上战车。

庞涓问太子申："太子都听到了，太子是留在此地等候我的胜利消息呢？还是同我一起杀敌立功？太子不会不知道，即使现在仍然有人希望太子大败而不能回国继承王位啊！"

太子申此时就好像被绑缚在战车上的战马，只能向前，没有退路。而前面是火坑？是深井？是福地？是绝境？只有鬼才知道！

魏国大军进入齐国境内，依然可以看到被丢弃在路上的各种军用物资，甚至粮食、马草。庞涓催马加鞭，下令魏军全速前进。

魏军以万钧雷霆、摧枯拉朽之势，如入无人之境，紧追齐军而去。

魏军才行半日，忽被一齐军士卒装束的人迎头拦住。

"我是庞龙，我要见庞将军！"那人高叫道。

庞龙拼命往齐宋边境跑，可无论他跑得多快，也不如魏军四条腿的马快。

庞龙被押到庞涓面前。

庞涓不知是谁竟敢阻拦魏国大军，正想要问罪，却见是他派往齐国的庞龙，便强按下暴怒问："我交给你的任务完成了?"

庞龙伏地跪拜后说："将军息怒，小人未曾忘记使命，只是孙膑身边防卫甚紧，小人不得下手机会。"

庞涓骂道："你拦住我大军前进，就是要向我报告孙膑未死吗?"

庞龙说："不是。小人有紧要大事报告将军，因此脱离齐军迎拦将军。"

庞涓催道："说吧，什么要事?"

庞龙说："齐军人马就在离齐境不远的郯地集结，我恐齐军用计陷我魏军，因此前来提醒将军不可前进!"

庞涓仿佛被人迎头狠击一棒。他所信任的心腹不曾完成他赋予的使命，杀死孙膑，却拦在他追击齐军的大路上，命令他"不可前进"!

庞涓问："为什么?"

庞龙说："齐军与我军未战即逃回本国，且一路扔下许多物资，然而，齐军并不是战败而溃，而是主动撤退。齐军撤到齐国境内仿佛重生一般，队伍齐整，威风凛凛，士气昂扬。小人恐怕齐军设计灭我魏军，小人请求将军三思后行啊!"

子有被绑缚在战车上不能动弹，透过人缝看清伏在庞涓面前的是与他同营的士卒时，心中震惊，隐约听到"齐军、齐军"的说法，心中似明白三四分：此人不是庞涓派出暗潜入齐军中的密探，就是齐军中的投敌变节分子。

庞涓此时听完庞龙这番话，倒真的觉出事情有那么点蹊跷。他既不甘心让庞龙几句推测的话就否定了他的决策，又害怕真的再次上了孙膑的当，败在齐军手中。他正想静下心来想一想，忽然一阵冷风从身后袭来，庞涓本能地转身拔剑，定睛看时，见是刚才捕来的齐国逃兵连滚带爬地滚到庞龙脚下哀求道："军师侍卫救我一命! 军师侍卫救我一命!"

庞涓一惊: "军师侍卫? 谁是军师侍卫?"

子有胆怯地用下巴指着庞龙。

庞涓掉转身体, 质问庞龙: "你已任孙膑侍卫, 却不曾杀他。是真的没有机会, 还是来帮助你的新主子拦阻我大军进攻齐国, 消灭齐军?"

庞龙吓得连连磕头, 可是, 无论他说什么, 庞涓都已听不进去。庞涓与齐军血战到底的决心已定。他挥起长剑对拦阻他大军前进的庞龙的头上直劈下去。

 **胜利告捷**

孙膑十几年前救赵国与这次救韩国, 虽为两次出兵, 却是用的一样计谋, 都是在致人, 而不致于人。虽都为直捣魏都大梁, 却是两样用计: 救赵邯郸, 是迎其气而夺之, 所以挫其锋; 救韩之役, 是骄其心而诱之, 所以制其命。

孙膑安坐在车中, 指挥着齐军在郯地马陵山上布下一个天罗地网。

齐军十万之众埋伏在马陵山的各条进口、出口及道道山脊之上, 隐蔽在山岩、密林之中, 蒺藜成为齐军的沟堑和护城河, 战车成为齐军的城墙、壁垒, 地面上的天然障碍物和大盾牌也成为齐军城墙上的矮墙。齐军将戈、矛等长柄兵器, 用来救援危急之处; 配置稍短的兵器，用来辅助长柄兵器；配置刀、剑等短柄兵器，用来断敌逃路、阻击疲惫之敌；配置弩兵，用来灵活机动地打击敌人……

距马陵山五里地外，孙膑设置了观察哨。

孙膑让田忌派兵砍伐树木阻断马陵道北端出口处，并剥下一段树皮，在树身上用墨大书一行字："庞涓死于此树之下！"

孙膑让田忌将万名弓弩手埋伏于马陵道两旁。孙膑说："估计庞贼天黑后到达马陵道。我军看见马陵道上有火光即万弩齐发，定彻底消灭魏军于马陵道上。"

公元前341年10月的一夜，月黑风高，马陵山阴森冷寂地安卧在齐国南境上。

庞涓、太子申率领魏国大军车辚辚、马萧萧，从三条山道直进郯地马陵山，欲入莒地。庞涓亲率中军直进中间山道。山道进口宽阔，且越进越空旷，大小有九道沟通行此道。行至五里余，道路突然狭窄起来，原来可并行数辆战车的道路，至此却只能一车通行。

突然，前面有人来报庞涓："报告将军，前方道路被断木阻隔！"

庞涓勒住马缰，喝道："笨蛋，把断木搬开！"

魏军中军不停地进入这条巨大的口袋状的独龙涧中。

太子申率领的另两军分别进了独龙涧一左一右的两条道沟。

子有被捆缚在车上紧随庞涓身后。

独龙涧中，搬拦路断木的魏兵忙活一阵仍然未疏通道路，庞涓等待不及，策马到跟前催促。忽然，隐约的夜色中，他似乎看到断木一旁一白皮树上有字。他下马走到树前仔细辨认，然而夜色太重，他认不清楚。

"快拿火来！"庞涓吼道。

即刻，有侍卫举火给他。他照树身念道："庞涓死于……"

庞涓还没念完树上的大字，只听远山近岭骤然响起惊天动地的战鼓。庞涓顿时吓得肝胆欲裂：难道又中孙膑之计？还没想完，就听万支利箭如风似雨一般"哗哗"地向魏军阵中倾落。庞涓大叫："向后撤，向后撤！"命令未发布完，他感觉左腿一阵疼痛，用手一摸，触到一根箭杆。他恨得心肺欲炸，对自己说：又上孙膑的当了！

魏军中军挤在独龙涧中，想逃不能，想战也不能。齐军占据有利地形，且堵住两头，如关起门打狗、堵住笼子抓鸡，近处的用戈、矛等武器杀伤，远处的用弩、弓箭射杀。魏军连续劳累，又处于劣势，且看不见暗中齐兵，已无招架之功，哪有还击之力？魏军中军即刻死伤一片，又被马踏车碾致死一部分，相持没有几个时辰，魏军中军已尸横独龙涧、血染马陵道了。

庞涓拖着受伤的左腿，摸黑闯进一条小路。他在一块石头前停下，踩上石头艰难地登上马鞍，打马向小路深处而去。他的身后跟着几百名骑兵。

庞涓率领这几百名骑兵刚拐过一道岭，突然又有暴风雨一般的利箭射来，顷刻间庞涓前面倒下一大片，庞涓硬打马往前冲，不料一根利箭直射他的右胸，他一个跟头栽下马来。

庞涓躺在死亡的魏兵身上，能闻到自己鲜血的腥昧。他试着用手摸了摸胸口，感觉有热乎乎的血流出来。他动了动自己的双腿，还能动弹，他试着站了起来。看到他的那匹枣红马正静静地等在他身边，似乎等待他带它一道杀敌参战。他艰难地抬起右腿，又拖动左腿，默默地卧在山石一旁。庞涓欣慰地抱住马头，爬上马背，拍了拍马肚子。那马迎着如雨的利箭站了起来，庞涓看了一眼纷纷倒下去的几百名骑兵，打马向北逃去。

庞涓伏在马背上，已无力驾驭，身上的伤痛撕心裂肺，那马求生的欲望却如他一样，可是，那马驮着庞涓七拐八弯后，又回到了刚才中军遭伏击的主战场。

马突然停住不走了。它的面前是齐魏两军厮杀的战场，它的背上是受了重伤、奄奄一息的魏国大将军。它徒劳地在马陵道上兜了一个

威震四方

195

大弯，原以为能够救主人逃一条活命，却不曾想齐军设下的处处是死亡之地。

庞涓终于从马上跌了下来。他强忍疼痛按住左腿，用力一拔，将左腿上的箭拔出，左腿像被人砍去一般失去了知觉。他拔出佩剑，对着那条失去知觉的左腿高高举起……突然右胸口一阵钻心的剧痛使他扔掉了手中的利剑，一头栽倒在一棵大树前。

庞涓在昏迷之中仿佛觉得自己躺在鬼谷山中。山上的溪水日夜不停流向山涧，溪水由绿变红，流淌着他和孙膑的鲜血。他记起一道山崖后的溪水边，他和孙膑歃血相盟。他当时说的是什么词？他竭力回忆着。对，他说：如若背约，他庞涓死于乱箭之下……多么灵验，说得一点不差，他就要死了，而且正是死于乱箭之下。这也算他庞涓说话算话吧！

庞涓突然醒来，睁眼一看，惨淡的一弯半月透过几株狗尾巴草，照在他的脸上。他抱住身边一棵树，勉强支撑起身体坐起来。仰头看时，才发现自己抱住的正是写有"庞涓死于此树之下"几个大字的巨树。庞涓气得从眼中流出血，恨得心肺俱炸，羞愤不已，当即引领自刎。

庞涓果然死在那棵大树之下。

马陵之战，齐军在孙膑的智慧谋划下，在田忌的亲自指挥下大获全胜，杀庞涓，擒太子申，歼灭魏军约十万人，缴获大量战马、战车及军用物资。

打扫战场时，齐军找到了子有的尸体。子有身上中了五箭。孙膑、田忌让人把他埋在了马陵山主峰奶奶山上。他的墓朝着马陵道。无论白天黑夜，马陵道上来来往往的人声、车马声都将陪伴着他。

齐军也找到了庞涓的尸体。

田忌说："把庞贼的头割下来悬挂在国都城门之上，让那些胆敢侵犯我国的人心惊胆战！"

孙膑说："还是把他埋在马陵山吧。"

马陵之战，孙膑、田忌为齐国在七国中的强盛地位立下汗马功劳，为齐威王日后成就霸业创下不可磨灭的功绩。齐威王从此代替魏惠王称霸七国，齐国也由此而代替魏国成为七国中最强大的国家。

马陵之战作为一场典型的示假隐真、欺敌误敌、设伏聚歼的典范战例，已经被载入中国战争和世界战争的史册。

孙膑和田忌可谓是齐国的大功臣。然而，他们没有想到，马陵之战后，他们再也不可能回到齐国都城临淄了！

威震四方

第六章

流芳百世

历史上立下丰功伟绩的英雄人物，其人生归宿往往惨淡黯然。所谓『飞鸟尽，良弓藏；狡兔死，走狗烹；敌国破，谋臣亡』，几乎成为功臣们的宿命，永远挣不脱的梦魇。虽然孙膑为齐国立下了汗马功劳，威名传遍天下，但像历朝历代的功臣们一样，他在政治上并不得志。不过，这时候孙膑已经参透了人生，认为所谓功名利禄均是身外之物。孙、庞斗智的故事也在民间广为流传，孙膑成了智慧的化身。

邹忌设陷

　　魏国军队全军覆灭于马陵的消息于三天后传进大梁魏王宫。魏惠王听说太子申被擒、庞涓被杀、十万兵马没有几个生还，当下就光着脚从龙床上跳下，跑出寝宫见了侍卫就喊："快传令，停止进攻齐国！快传令，集结的部队解散！快传令……"左右匆忙跑着去传达魏王的命令，可传令兵还未跑出宫门，魏惠王一口鲜血喷向天空，即刻不省人事。

　　魏惠王醒来后对国相惠施说："齐国是寡人的仇敌，齐王是寡人的死敌。他擒我太子、杀我将军、灭我十万大军，我与齐王不共戴天！我定要报此深仇大恨。我打算派勇士前往齐国刺杀齐王，国相认为如何？"惠施说："大王，您是大国的国君，却用老百姓使用的方法去报仇，实在是下策。"

　　魏惠王又说："此仇怨我至死也不会忘记。魏国虽小，可我要调动全部兵力去讨伐齐国，国相该不会反对吧？"

　　惠施说："大王，臣下反对。臣下以为不可以这么做。臣下听说，为王者要适合法度，称霸者要懂得计谋。现在大王告诉臣下的，离法度和计谋太远了。大王先同赵国结下仇怨，又去攻打了韩国，现在与齐国作战，没有打胜，国家没有守卫作战的后备，大王又要调全部兵力进攻齐国，这不是臣下主张的做法。"

魏惠王气愤地说："按照你的意思，寡人的仇就不报了？"

惠施说："大王息怒！臣下不是这个意思。臣下是说要运用智慧去战胜齐国。臣下想，大王如果想报复齐国，不如就更换君主的服装屈己为下人去朝拜齐国，楚王一定会发怒。大王再派人到齐、楚两国游说，促成它们争斗，那么楚国一定会进攻齐国。以强大的楚国去进攻疲敝的齐国，齐国就一定会被楚国击败。"

魏惠王采纳了惠施的建议。于是，魏惠王决定派使臣出使齐国，说魏王愿像朝拜天子一样拜会齐威王，向齐威王称臣并运送大量贡品。

使臣还未上路，魏惠王又派惠施出使楚国，替他拜会楚王。

齐军在马陵之战中的胜利捷报才传到齐都临淄，邹忌就惊恐不安，谎称有病从朝堂上告假回府，把公孙阅叫到身边："先生，快替我想个办法，听说田忌又打了胜仗，这一回我的国相之位恐怕是真的难以保住了！"

公孙阅也听说孙膑和田忌杀了庞涓，擒了太子申，灭了魏军十万人，齐威王又想要摆国宴迎接两位有功之臣。他说："国相这一次是非除田、孙二人不可了！"

公孙阅拿了二百金来到城中一家卜卦馆前，见四下无人便走了进去。算卦的老头见来人一双眼睛聪慧明亮，就问："先生为何事卜吉凶？"

公孙阅把二百金放到桌上亮给算卦的老头，倒先把老头吓了一跳，老头忙问："先生欲卜何事吉凶？何事的凶与吉值如此多的金子？"

公孙阅沉着脸色说："如果卜得准、算得清，比这多得多的金银都等待着先生您啊！"

老头眨巴着小眼不知何事，催促道："先生要给什么人卜前程吗？快请报上生辰八字。"

公孙阅见老头已十分急切地要开始算命了，就郑重而神秘地说："我是田忌大将军派来的。我们屡战屡胜，赫赫战功盖世，声名威震天下。田忌元帅欲谋建立国家的大事，请先生算算是否吉祥？"

老头还没听完公孙阅的话，就吓得脸变了颜色。他把金推给公孙阅说："此事非小民能算得出的，望先生收起钱快些离开。否则，小民将会受到牵连而小命难保！"

公孙阅不急于走，耐心开导老头说："田忌将军有孙军师辅佐，大智大勇，又掌握齐国兵权，一旦谋大事成功，还可奖赏于你，你害怕什么？"

老头吓得浑身哆嗦，"扑通"一声跪倒在地，连连求饶，再三催促公孙阅离开。

公孙阅收起金临出门又叮嘱老头道："记住了，万一有人问起我是谁，万不可说我是田忌派来的！"趁卜卦人不备，他把二百金扔在了桌子底下。

公孙阅才离去，邹忌就派人包围了卜卦人的卦馆，并搜出二百金。卜卦人在铁证面前，只得招供田忌派人卜算起事吉凶一事。

邹忌手里拎着公孙阅扔下的二百金，身后绑着卜卦人，来到齐威王宫廷前。

齐威王正日夜盼着取得马陵胜战的将帅们班师回京，一连兴奋数日，扳动指头数算着几个大国、几个小国屈服于强齐。他踌躇满志、雄心勃勃，认为强立于七国的局势已定，他称霸中原的局势已定，他可以轻松过几年太平日子了。他曾独自算过：赵国为了报答派兵救邯郸一事至今感恩戴德、念念不敢相忘；韩国也将如赵国一样报答他救国大恩；魏国这一回是彻底垮了，魏惠王的霸主地位也将随着这一大仗的惨败而顷刻倒塌；南方楚国、北方燕国、西方秦国不会不听说马陵大战的情况，不会不为齐军灭魏军十万人、捕杀魏军将帅这一显赫胜利而胆怯心惊。周围几个小国就更不在话下，齐国将随着这一大仗的全胜而雄居于七国之首，他齐国国君也将雄居于七国君主之首。这也就是孙膑军师常说的"战胜而强立"吧！

齐威王正窃窃自喜的时候，邹忌求见。

邹忌说："听说大王要摆盛大的宴会迎接田忌、孙膑胜利回师？"

流芳百世

齐威王说："是啊！怎么，国相认为不合适吗？"

邹忌说："大王可曾听说过燕人养虎的故事吗？"

威王说："没有听过。国相说给寡人听听！"

邹忌说："从前有个燕国人得到一只老虎。当时老虎尚年幼，燕国人待它无比周到，吃喝行住从不敢违背老虎的意愿。后来燕国人觉得这只虎很能干，就把家里的鸡、狗、羊、猪、马统统交给他看管。这只虎倒也真能干，把主人吩咐的事样样都干得很好。时间长了，主人就忘记了它毕竟是只老虎，它咬人的本性是不会改变的。终于，这只老虎长大了，身体立起来像山石一样坚硬，张开大嘴就露出了凶残的本性。有一天，老虎觉得自己应当做这个家里的主人了，就把所有它看管的牲畜全吃光后，又要吃主人。主人说，'我是你的主人啊！'老虎说，'咱俩换换位置，我就是你的主人'！于是……"

齐威王不等邹忌把故事讲完，已明白邹忌的用意，只是，他不知道这个要与他换"位置"的"老虎"是谁。他暴怒地吼道："你别绕弯子了！快告诉寡人谁想谋本王王位？"

邹忌把二百金放到齐威王面前，又让人推上卜卦人。人证、物证俱全。齐威王坐在王位上盯住邹忌，愣了半天，一句话也说不上来。

齐军从马陵战场上撤出，田忌与孙膑率三军浩浩荡荡往国内腹地开去。

未到莒地，孙膑说："将军命军队稍作休整后再前进不迟。"

田忌说："也好。"

部队在沂河边停下休息，士卒们洗脸，洗脚，有不怕凉的还脱光衣服跳进河里游起泳来，田忌与孙膑席地坐在草坡上。田忌说："军师，此仗已大获全胜，且庞涓已经死了，您的仇也报了。可是，军师似乎并不高兴？"

孙膑说："没有。"

田忌不信，说："桂陵一仗，未灭魏军这么多人，且庞涓逃脱，军师精神高昂，凯旋心切。今天，我军灭魏军十万，又擒了魏国太子，可是，军师却忧心忡忡，不想回都城，难道军师有什么忧虑之事吗？"

孙膑没有回答田忌的问题，反问道："将军能否回答我。什么事情不可以知道？什么事情不可以不知道？什么事情不可以忘记？什么事情不可以不忘记？"

田忌想了想说："别人憎恨我，不可以不知道；我憎恨别人，别人不可以知道；别人对我有恩德，不可以忘记；我对别人有恩德，不可以不忘记。"

孙膑又问："那么将军知道谁最憎恨你了？"

田忌叹口气说："我无意与他相争，可是，他却生怕我夺取他的相位。上次桂陵一仗，咱们凯旋，他就很不高兴，好几天称病不上朝。今天，咱们又打了胜仗，他指不定又多么难过痛苦啊！"

孙膑感叹一声，说："将军，我担心的正是此事！将军既然已经想到，就不可贸然进都而落入邹忌的罗网！"

田忌问："军师有什么不祥的预感吗？"

孙膑说："正是。桂陵一仗，我军没有取得如此辉煌的胜利，然而，邹忌已对您恨之入骨，这次，我军再度凯旋，他一定不会善罢甘休。将军，你敢于干一番大事业吗？"

田忌说："那又怎么办？"

孙膑说："将军不要解除兵甲，就这样往国内开。让那些疲惫老弱的士兵守住任地（今山东省济宁市境内）要道。任地有一条一辆战车只能沿着辙迹才能通行的道路，如果两车并行而过就会撞在一起。如果让那些疲惫老弱的士兵守卫任地隘口，必定以一当十，以十当百，以百当千。然后背靠泰山，左涉济水（今山东境内黄河），右越高唐（今山东省禹城市西四十里），把军中武器粮饷运到高宛（今山东省博兴县西南），派出轻便的战车、精锐的骑兵冲进雍门（齐都的西门，在今山东省淄博市）。只有这样，齐国才可以安定，威王才不会听从邹忌的谗言，而邹忌必定逃走。"

田忌叹道："这样，恐怕大王就真的要相信邹忌的谗言了。"

流芳百世

孙膑说："可是，如果不这样，我恐怕将军永远也回不到齐国。"

田忌心绪烦乱，他没有想到马陵一战的胜利给他和孙膑带来的不是荣誉和喜悦，却是沉重的愁绪。可是，仗不胜则国败，国败则割地割城给人家。仗全胜、大胜，他和孙膑却又面临着国相的迫害，这岂不让他国人耻笑吗？田忌不愿按照孙膑所说的去做，不愿背一个谋反的罪名，不想把事情走到绝路上去。他对孙膑说："我想恐怕是咱们多疑，以小人之心度君子之腹了——邹国相不会做那种亲痛仇快的事的，不会不顾国家利益，与我计较卑功微利！"

孙膑看出田忌是不想再生战事，心中焦急，可他无力指挥军队去实践他的计划。他叹道："将军为国家着想，令人钦佩。可是，邹忌会轻易放过我们吗？我想，咱们恐怕这是最后一次在齐国土地上停留了。"

孙膑话音才落，一匹快马气喘吁吁、汗流如洗从北面道路飞奔而来。片刻，田忌家一仆从从马上扑下，连滚带爬地来到田忌和孙膑面前。

仆从说："将军，不好了！邹国相诬陷将军图谋造反，大王下令捕捉将军和军师，临淄城四门严守，齐城、高唐的军队正往临淄城开呐！"

孙膑说："将军，果然不出你我所料，邹忌诬陷你我谋反夺权，我等不可犹豫不决。将军，请速发兵进军任地，占领险要隘口……"

田忌打断孙膑的话："军师，请原谅我的无能，我不是起事造反的人，我恐怕真的永远不能再回齐国了，永远不能再当将军了。"

田忌命令莒地军队回莒地驻防，命令都城官兵整军回都城，并叮嘱部下一路上战旗要飘扬，队伍要整齐，遇有阻拦军队，就说田、孙二人已逃，切不可交战、不可自耗，直奔临淄后报告大王：田、孙二人本无意谋反争王，请大王安心治国。田忌把所有命令都下达完后，又看了一眼他的浩浩荡荡的队伍，把帅印和孙膑的军师印交给部下，坐上他的战车与孙膑朝南方的大路而去。

齐军将士沉痛伫立了片刻，当真的看到将军和军师向南"逃去"时，齐军将士如山一般倒塌地跪倒下一片又一片。齐军男儿泪涌如泉，汇成河流。他们呼唤着、挽留着他们的统帅。

仿佛和魏军决战的场景还在眼前，仿佛和魏军拼杀的声音还在耳畔，仿佛魏军十万人马还在作最后的挣扎，仿佛田忌、孙膑二人还在指挥着千军万马。可是，现在，他们却已经踏上了逃亡的旅途。

公元前335年，魏惠王采用国相惠施之计又朝拜齐威王，齐威王开始不会他，他便等候在齐国鄄地（今山东省鄄城县），把自己如奴仆一般囚禁在草屋中，净身斋戒，并让国相惠施多次游说齐威王之子田婴，贿赂田婴，终于说服齐威王再次接受魏惠王的臣服朝拜。

公元前334年，魏惠王再一次身穿丧国之服在徐州朝见齐威王。

魏惠王的臣服和齐威王的威风终于激怒了楚威王，是年，魏助楚伐齐的徐州之役终于拉开帷幕。

徐州之战，魏惠王明里支持齐威王与楚作战，暗里却与楚军联合，齐威王的军队被打得大败。

当年冬天，魏惠王死在魏王宫。

公元前333年，齐威王去世，其子田辟强即位为齐宣王。宣王得知田忌、孙膑被邹忌诬陷的真相后，立即召田忌、孙膑回齐复位。

逃亡楚国八年的孙膑和田忌终于得到昭雪平反，从而能够从容坦然地回到齐国，回到故乡，回到曾几度使他们辉煌的国土上。

八年在楚国寄人篱下的生活，田忌大将军已两鬓染霜。当接到齐宣王派人送来的诏令时，他激动得哭了，他哆嗦着双手紧紧握住孙膑的双手说："先生，终于能够回国了！终于能够死在故乡了！"

流芳百世

 **回到故乡**

田忌和孙膑踏上了归国的路途。田忌遵照孙膑的意愿，他们的马车从楚国过宋国境内商丘、定陶而入齐境。田忌知道：孙膑想借此回故乡鄄邑老家冷家庄看看。

车还在宋国境内，孙膑问田忌道："将军即将复位，回到齐都临淄又可以手握重兵，挥戈疆场，享受荣华富贵。此时，不知将军做何感想？"

田忌抑制住自己激动喜悦的心情，苦笑了一下说："先生取笑我？你我对宣王没有立过功，被召回国，已是很荣幸的事情，又怎敢奢望把握重兵，而荣华富贵加身呢？能够平安地与家人团聚，老在故土，埋在故土，我就很知足了。"

孙膑说："我并不是取笑将军，我实在也如将军想的一样。桂陵、马陵两战的厮杀决斗早已销声匿迹，敌我双方战死的士卒尸体也早已腐烂化入泥土，齐国却由此而强立于七国之首。威王尚且不信任你我，宣王又怎会重用我们呢？"

田忌说："先生足智多谋，非同于我。先生回到都城，定能得到宣王重用。"

孙膑沉默良久，突然感慨万千地说："人来到这个世界，本想通过自己的奋斗和努力，证实自己的价值；通过自己的言行，揭示自己的面貌。然而，这个价值一旦被证实却总不是自己最初希望的那样，这个面貌一旦被揭示就更不像自己了。"

田忌略一思忖,没想明白,于是说:"先生可否详细解说?"

孙膑说:"早先,我拜鬼谷子先生为师学艺,刻苦攻读,研究兵法,是为了有朝一日求取功名,有所作为。下山奔魏,只是想证实自己的才学智慧,可没想到落在了庞涓的陷阱之中,由此而终身抱憾!这个被证实的价值难道就是我的价值吗?这个被揭示的面貌难道就是我的真实面貌吗?这个因此而终生残废、永远也站不起来的三尺男儿难道就是我孙膑吗?这绝不是我最初努力的方向,绝不是我希望得到的下场!"孙膑痛苦地沉吟了片刻,接着说:"再说庞涓。我们同学兵法,又盟誓为兄弟,那时可以说是情深意长、志同道合。可一旦我们同侍一主,他就害怕了,怕自己失宠,因而视我为敌,加害于我。最初的结果他是赢了,他更得魏惠王宠信,而使我蒙受奇耻大辱、身体残废。桂陵、马陵两大仗中庞贼虽然使出浑身解数想要消灭我军,可我们齐心合力,最终叫他身败名裂,亡命于马陵道上。这恐怕也绝不是他最初希望证实的自己的价值,恐怕也绝不是他企图要揭示的自己的真实面貌。所以,我说,最终奋斗和拼搏得来的结果总不是最初设计和希望的那么美好与圆满。这恐怕就是天意吧?"

田忌听着,不时地点头赞同。他由此而想到自己。他自小成长在王宫贵族家中,自懂事以来就学习领兵打仗,不到二十岁就带兵迎击外国侵犯之敌。他忠心报国,驰骋疆场几十载从没想做什么国王,只想平安地从战场上回到家里,安享晚年。可邹忌生怕失宠而陷害他和孙膑,逼迫他们不得不逃亡楚国长达八年。这难道是他最初希望的奋斗结果吗?不!不是。

田忌把辛酸咽回心里,颇满足地说:"总算能够回到齐国,回到故土了,你我还有什么比这更值得欣慰和感动的呢?"

孙膑笑说:"只怕将军的这份欣慰和感动来去匆匆,维持不了多久呵!"

田忌一怔:"什么?你还不知足?"

孙膑沉思了一下，突然说："将军一定听说过：蛟龙虽然神灵，但不能够在大白天远离他的同伴而飞上天空；旋风虽然迅猛，但做不到在阴雨天卷起沙尘。曾子（即曾参，孔子弟子）走到叫'胜母'的地方宁愿绕出去几十里而不入内，孔子宁愿忍受干渴而不喝叫'盗泉'的水，这是为什么？"

田忌笑着说："先生又在考我了。好，我来回答你。那是因为他们讨厌'胜母''盗泉'这些难听的名字。"

车轮被一道很小的沟坎掀了一下，两个远离家乡的老人挤在了一起。田忌一心想早日回到京都，早日看见宣王迎接他们归国的彩旗和队伍，早日回到久违的亲人身边，却丝毫没有察觉到孙膑的心理变化。在他眼中，能够在外逃八年之后被新国君派使臣接回故国、官复原职，就已经谢苍天谢厚土谢祖宗了，难道还有比这更好的结局吗？

孙膑紧紧地握住田忌的手，突然很想拥抱一下他这位生死之交的战友，但他没有这样做，他靠在田忌身边，默默地想：也许这是最后一次与田忌同呼吸，共命运了。

田忌合上了双眼，身体随车身左右摇摆着渐渐沉入了梦乡。孙膑的提醒使他多了些警惕，但回家的喜悦和激奋却很快地冲淡了心中那份阴冷和灰暗，更多的是他对于齐宣王能履行"官复原职"的许诺的企盼和热望。他相信这次回齐国将是他命运中的一次转机，一次飞跃，一次昭示。他和孙膑携手并肩又将创造类似桂陵、马陵的辉煌，又将叫天下人惊叹钦慕，名标青史、流芳百世。

孙膑听着田忌微微的鼾声，看着这位战友苍老而平静的睡态，心里说：是时候了，该走了！

想到要离开田忌，离开共患难二十多年的战友，孙膑的眼里涌满热泪。几十年的坎坷经历，几十年的不平人生，几十年的荣辱生死，教他明白一个道理：利禄似枷锁，功名如粪土。在经历了这许多年的风雨之后，他才真正认识到他的老师鬼谷子先生的高洁圣明，真正理解先生为什么身怀绝世高才却隐遥山林，一生不仕，潜终生精力、枭终生智慧著书立说、授徒教学。

在楚八年，孙膑已开始他的兵法研究和写作。无论今后的境遇如何，他立志要把他的兵法心得写出来，把他几十年对于战争的思考和研究写成文字，传给后人。

孙膑紧紧搂抱着一个蓝花布包袱，那里面有几章他的兵书初稿，那是他唯一的财产。他忽然记起当年他离别故土、离别妻小投师学艺时也捧一只蓝花布包袱，包袱里也有兵书的竹简。不同的是那时的他不到二十岁，而此时他已步入老年；那时的他是站立的，挺拔而伟岸，而此时的他却永远也不能站立着面对任何人了；那时的他背井离乡，为求取功名，而此时的他回乡寻亲，只为逃避盛名富贵……这不同的过去和现在只是内容的差异吗？不。在这些不同之中蕴含着非凡而平常的道理，在这些不同之中包藏着深邃而浅显的大义。孙膑奋斗了几十年后又要回到生他养他的那方土地，回到鄄邑冷家庄，他觉得自己竭尽毕生的精力也只是去外面的世界画了一个大大的圆。这个圆的起点就是他的老家冷家庄，这个圆的终点也将是他的老家冷家庄。

孙膑紧紧搂抱住他的包袱，为田忌披了披毯子的一角，庄重而不舍地对田忌躬下上身，心里为他祝福，为他祈祷，祝他长寿，祝他平安，祝他一生幸福……

半夜，车行至宋齐边境，田忌睡不踏实，欠起身往车窗外面看。晦涩的天空下，山峦起伏，草木森森，沟壑交错，阴风凄厉。几缕雨丝飘进车窗，落在田忌的脸上。田忌这才意识到外面下雨了。

突然，田忌吃了一惊：这里不正是桂陵山吗？他隐约还看见，当年他和孙膑就在山上那棵大树下指挥大战，最终把魏军打得大败。他为自己的发现而欣喜若狂，伸手推身边的孙膑。他要把孙膑推醒，一道观赏这美丽动人的夜景，可是，推了一把没推到。他慌忙在车厢里摸了一遍，仍不见孙膑。田忌把车叫住，车夫举过马灯往车厢里一照，田忌心中"砰"然一声轰响，眼前一黑，险些栽到车下。

孙膑不在车上！

流芳百世

孙膑消失在他当年指挥齐军与魏军作战的桂陵山下。

阴雨蒙蒙，寒风凄凄，天空不时划过银蛇狂舞般的电光，把桂陵古战场照得更加凶险和怪异。时逢深秋，夜色凄迷。清肃风声，如万千不死的冤魂发出的呼救之声……

然而，正是在这凶山恶水之境，孙膑消失了。

田忌和几个随从官员及车夫举着马灯，点着火把四处寻找，"孙军师！""孙先生！"的喊声一时吓退了他们对桂陵山的恐惧，吓退了清肃的风声和汹涌的草木对他们的惊扰。

他们沿来路往回找，他们知道孙膑就滑落在不远的道旁，他不会爬出多远。

田忌走了一程又一程，喊了一声又一声，他顶着风，驱逐着不断袭扰他的荒草枯树，寻找孙膑。

田忌高声命令他的随从："一定要找到孙膑！一定要找到孙先生！"

众人找到天亮，找遍了桂陵山，却没有找到孙膑。

天大亮后，虽然雨住、风停，可阴森森的天空像要爆发一场劫难一般，压抑而沉重，叫人喘不上气来。

众人找了一圈回来，发现田忌正守在一道大沟前默默无语。

过了很久，田忌对着沟底说："先生，我知道您就在沟里，您想从此消失在尘世，从此脱离功名利禄之扰。可您为什么不让我再见您一面？"

沟里不见孙膑，只有草轻轻摆动。

随从官员和车夫们都以为田忌疯了，要搀他上车，田忌挣脱众人又回到大沟边。

田忌对孙膑的崇敬和敬仰之情是难以用言语表达的。孙膑才回齐国时，就与田忌的命运连接在一起了，威王问兵法，与威王赛马，直到桂陵大捷、马陵大捷，直至遭小人陷害被迫逃楚，两个人可以说是同生死、共荣辱。此时回齐国，是他们远离故土在楚国度过了八年之后，得来不易。他们年事渐高，恐怕不会再有桂陵和马陵大捷的荣耀了，只求能与战友同保平安，享度晚年，可田忌怎么也想不到，孙膑会消失在回国的路上。他深知孙膑的用意，可他觉得这个结局太惨、太苦、太不公平。

田忌忍不住老泪纵横，对着大沟哭诉道："先生，我知道您就在沟里，我知道您正听我说话。我这一生不为生在田齐帝王之家而感到荣耀，不为当将军、手握帅印南征北战而自豪，只为与先生结识，与先生同生死、共患难而自豪，而荣耀。如果不遇先生，我田忌恐怕只是一介武夫，成就不了大事业。我感激先生、敬慕先生的情谊只有让这秋风捎给先生了。我自愧不能与先生相处到老，不能与先生一同回到齐都临淄。我自知是我的德行不足以让先生同行。可我担心，我们走后，先生您怎么能够爬出这条大沟。这大沟又长又深，泥沙松懈，草木不牢，无石无梯，先生您一副残体怎么能够逃离这深涧一般的大沟？先生，学生田忌实在为您的安危担心啊！"

沟里仍无动静。去楚国召田忌回国的一位年轻官员把一根粗绳的一头拴在大树上，一头抛进沟里，动身要下沟寻找孙膑。

田忌将身体俯在大沟边沿上，焦急地四下里搜寻孙膑，口中呼唤着："先生、先生！您在听我说话吗？您一定听到了我的话，可您为什么不回答？为什么就这样抛下我一个人不管了？为什么要让我孤苦伶仃地回到齐都？先生，您可听见田忌叫您？您为什么不说话？"

田忌一抬头，猛然发现那个年轻的官员正抓住绳索往沟底里滑去。他起身几步冲到绳索跟前，大声喝道："上来，你给我上来！"

众人不解，就更加确信田忌元帅真的疯了。

年轻官员不敢抗命，只好爬上了沟沿，正欲解绳子，田忌按住他的手，说："走吧。"

年轻官员问："不找军师了？"

田忌泪如泉涌，却再一次喝道："走！"

一根长长的绳索被留在了大沟里，绳索另一头被牢牢地系在沟沿

流芳百世

的一棵大树上。

田忌的车队在阴沉沉的天空下朝齐都驰去。

田忌坐在车里，大声地对着路旁说："先生，再见！回到齐都，我要禀告宣王，让他一定派人来看望您！先生，再见了！"

几天后，在去往鄄邑冷家庄的土路上，一位赶马车的车夫见路旁一赶路的老头蓬头垢面、正匍匐前行，情景十分凄惨可怜，车夫心善便将老头抱上马车，载着他一同前往。这个被车夫相助的老头不是别人，正是孙膑。

孙膑为家乡淳朴、善良、宽厚的民风而感动，上车后就与车夫热烈交谈起来。

孙膑问："请问老哥是哪个庄的人？"

车夫说："冷家庄的！"

孙膑既惊又喜，他怎么也没想到这个搭助他上车的老哥竟跟他同村。他按捺不住内心的喜悦说："哎呀，太巧了，老哥，我也是冷家庄的！"

车夫惊讶地睁大双眼，陌生地看了看他，扬鞭驱马说："你也是冷家庄人？我怎么从没见过你？"

孙膑笑了一下，没有回答车夫的问题，反问道："老哥该知道冷善人吧？"

车夫说："当然知道，他是我们冷家庄以前的族长。可惜呀，好人命不长，死了好多年了。"

车夫衣着破烂，身披一件露了棉花的蓝布棉袄，手里的马鞭系着一束褪了色的红缨穗。看上去他年纪与孙膑不相上下，可孙膑怎么也想不起他叫什么，住在冷家庄什么地方。

车夫想起什么，突然好奇地问："哎！看你面生，恐怕从来没有去过我们冷家庄。你怎么知道冷善人？"

孙膑真想立刻就把自己的身世告诉这位乡亲，立刻告诉他出走了几十年的孙伯灵又回来了。可他转念一想：年代太远了，恐怕乡亲们早就把当年那个懂兵法的小孩子给忘了。

孙膑问："不知老哥还记得冷善人在世时，曾经收留过一位姓孙的铁匠，叫孙操?"

车夫疑惑万分，但还是点头称："记得!"

孙膑又问："那么老哥一定记得姓孙的铁匠夫妻生有三个儿子吧?"

车夫一听孙膑提起铁匠的三个儿子，马上接过话茬说："记得，记得! 孙铁匠手艺不错，打的铁锄、铁锹、铁犁什么的，尤其是刀，远近闻名呵! 他的三个儿子我最清楚了，老大有一次逃难走丢了，就再也没回来; 老二病死了; 老三，叫伯灵，是咱齐国的军师，在京城里当了大官了，可给咱冷家庄的乡亲争了脸、添了彩。他指挥着齐国军队和魏国军队作战，生生把魏军都消灭了。头些年，咱村里村外的老百姓可没少议论，都说当年冷善人做了天下第一桩大善事，要不是他收留了姓孙的铁匠，孙军师怎会和咱冷家庄连上乡亲呢? 其实，村里乡亲早就看出这老三有出息、有大出息。我就曾对人说过: 孙军师是一国栋梁，是大官，是咱冷家庄的荣耀，是咱冷家庄风水好。哎，我说这话，你同意不?"

孙膑连连点头："同意，同意!"

车夫忽然意识到自己把话扯远了，他奇怪眼前这个残废老人对冷家庄的事怎么会知道得这么详细。他问："你怎么知道冷善人? 又怎么认识姓孙的铁匠一家?"

孙膑再也抑制不住自己的感情，他伸出颤巍巍的双手紧紧握住车夫攥马鞭的一只手，说："难道老哥没认出我吗?"

车夫认真地盯他一眼，摇摇头说："不认识。"

孙膑摇了摇车夫的手说："老哥仔细看看!"

车夫又认真地盯他一眼，说："你像个做官的，其他就认不出了。"孙膑猛然松开车夫的手，身子往车厢后面挪了挪说："老哥再仔细看看!"

车夫更用心地盯了孙膑半天，突然受惊一般挥手勒马。马车像合

流芳百世

了闸一样戛然立住。车夫一步跳到车下，一个转身，倒退了好几步问："你是孙铁匠家的老三?"

孙膑点点头。

车夫又退了一步："你是孙军师?"

孙膑又点点头。

车夫眯缝着眼上上下下、左左右右、仔仔细细地打量了孙膑老半天，终于朗声大笑几声，又一个响鞭，马车猛地狂奔起来。

车夫还在高声大笑，那笑声是自豪的，饱含着浓浓的乡情。

冷家庄沉浸在比年节还要喜悦、热闹的气氛之中。人们称肉、杀鸡、宰羊，把存了好多年的老酒端了出来，来迎接这位离家多年的大英雄。

人们摆碗铺碟支桌子，在孙膑家院里摆起了大宴。

乡亲们为孙膑的归来而庆贺，为冷善人的善行而庆贺，为冷家庄而庆贺!

在这喜庆的日子里，只有一个人躲在房中伤心地垂泪。她便是孙膑的结发妻子——苏氏。

苏氏自丈夫"走丢"后就带着儿子过着饥寒交迫的生活。后来有几年，兵荒马乱，日子实在难熬，她便带着儿子回到娘家。母亲死后，她再也不能住在娘家了，就带着儿子又回到冷家庄。她年轻时，在方圆几十里也算得上清秀俊美的女人，也曾有许多人上门提亲，但都被她谢绝了。儿子孙胜大些后，她就更不想改嫁了。她心中存着一个信念，就是：她的丈夫早晚会回家的，会来接她和儿子的。

丈夫真的回来了，可是，他们几乎彼此不能相认。她老了，老得面黄皮松驼了背；他也老了，且被人抱着进了家门。

苏氏为今生今世一家人还能团聚而高兴，也为丈夫孙膑落下残疾而难过。

宴席终于散了，乡亲们依依不舍地走光散尽了。孙膑被儿子孙胜背回屋里炕上，苏氏打水为他洗脸洗脚。

孙膑满足地打着饱嗝，醉眼惺忪地望着苏氏忙前忙后。突然，他说："把孩子们叫来。"

儿子孙胜及儿媳和孙子、孙女被苏氏叫进屋来。

孙膑默默地打量了他们半天，突然说："孩子们，我对不住你们！对不住你们的母亲、奶奶！"

孙膑把视线落在苏氏脸上，苏氏深情地凝视着他。在苏氏苍老的脸上，孙膑隐约能够找到当年俊俏的影子。苏氏忍受了常人难以忍受的艰辛，一心一意地带着他的儿子过生活，并为儿子娶妻生子，这是他万万没有想到的。

孙膑紧紧握住苏氏的双手，问道："为什么不改嫁呢？你知道我迟早会回来是吗？假如我死在外面了，假如今生你我再不会见面……"

苏氏挣脱掉丈夫的双手，去一个木匣里取出一个布包，小心地打开了几层包皮后，她捧出一样东西递到孙膑面前。

"残简？是先祖孙武留下的兵书残简？"孙膑难以相信，当年他走得急，以为丢失的几枚残简竟完好无损地保存在妻子苏氏这里。令他伤心的是，他带走的那些兵书竹简却在庞涓残害他的那些日子里丢失了。

苏氏保存的这几枚竹简成了先祖孙武留给他的最后的纪念，也成了苏氏爱他、盼他的最忠诚的见证。

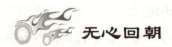 **无心回朝**

孙膑回乡后的生活虽然清贫，但精神却十分愉快。在他回乡后不久，乡亲们为他送来了一辆轮椅车，苏氏和儿媳一针针一线线为轮椅车缝了坐垫、靠垫和扶手垫。孙膑就坐在轮椅车上被儿孙们推着走街串巷，去拜访村里村外的乡亲们。

可是，这种生活没维持多久，就有许多久慕孙膑盛名的青年成群结伙来拜孙膑为师。他们也不管孙膑接受不接受，喊声"先生"，低头就拜。刚开始的时候，孙膑不收。这些青年便住在他家草房、院里不走，且越聚越多。孙膑无奈，在众乡亲再三恳请下，他终于举行了个简单的仪式，算正式收授这些学生。

既收徒就要授艺。孙膑领着几十个徒弟研习兵阵，村里村外没地方，就寻找到冷家庄北十余里外一处名叫虎豹林的地方。

虎豹林草深林密，虎豹成群结队地出没往返。孙膑领着徒弟们在这里大摆兵阵。什么"方、圆、牝、牡、冲方、四不置、车轮、雁行"，什么"索、囚逆、云、赢渭、阖燧、包抄、皮傅、错行、锥行、飘风、浮沮……"，闹得林里林外的虎豹不得安生。日子久了，这些虎豹不得不把这片风水宝地交给了孙膑和他的徒弟们。

虎豹林北靠青山，南依月厌河，西有一片阔地。月厌河自西向东流经这片阔地又折流向北。春夏时节，碧绿的河中开满红、白、粉色的荷花，到了秋天，一蓬蓬碗口大的莲蓬高傲地昂首水面。河岸杨柳依依，百鸟争鸣。日长月久，孙膑领着徒弟们在这里盖起几间房屋，长住久居下来。白天，他教徒授艺，晚上，便独自坐在灯下撰写他的兵法。

后来，苏氏把孙子也接了来住。

突然有一天，孙膑看见儿子孙胜和冷家庄许多乡亲簇拥着几辆高头马车声势浩大地向虎豹林而来。

马车装饰华贵，孙膑一眼便认出是从国都皇宫里来的。离得老远，马车突然停住，从车上下来一个穿红披绿的高官模样的人。那人看见孙膑，慌慌张张就向他跑来，到了跟前，"扑通"一声跪拜道："孙军师在上，请受淳于髡一拜！"

孙膑忙伸出双手挽扶来人。

果然是淳于髡，只是他两鬓斑白，眼皮也耷拉了下来。

孙膑抱拳作揖道："不知淳于先生大驾光临，请先生恕孙某不恭之罪！"

淳于髡谦逊地说："孙先生万不可这么说。望孙先生恕淳于髡此时才来看先生之罪！"

孙膑笑道："好吧，你我不比常人，就不必客气了。"

淳于髡被请进孙膑的新家，并被奉为上宾。主客落座后，淳于髡把此次的来意告诉孙膑。他说："我这次来是奉宣王之命，一是来看望先生，二是请先生跟我回都城，宣王要拜先生为军师。"

孙膑没有答应，也没有否决，只一个劲儿地让儿孙们上茶，还把自家产的鸭梨和苹果端出来让淳于先生品尝。

淳于髡怕孙膑不跟他回临淄，而有辱宣王交付他的使命，在搬出了朝中众位大臣给孙膑的珍贵赠品之后，说："朝中文武皆盼孙先生回去，无论您任文官，还是当武官，大臣们表示都会支持您、维护您。当然，这些都是其次的，更迫切地希望您回去的还是宣王本人。这一次为什么派我来呢？威王在位时我就曾代表齐国出使别国，没有一次辱没齐国威名。别看我高不过五尺，相貌也不招人喜欢，但我凭着一颗诚心，曾使赵侯、楚王、鲁公等诸侯与齐国交好。这次来请孙先生，宣王也正是看中了我这一点，自然，他也知道你我曾有过一段不寻常的经历。这一回，不论先生心里怎么想，一定跟我回去。我豁上我这张老脸，住在您这儿，吃您的，用您的，也要把您说服回都城去！"

苏氏端上几样下酒菜，孙胜拿出珍藏的家乡亘古泉酿的酒，孙膑和淳于髡便对饮起来。

孙膑笑道："我听说齐国又在和燕国打仗。宣王不忙于战事，怎么会有闲工夫派你来接我？"

淳于髡说："提到与燕国交战，我也不瞒先生。齐军只用了三十天就占领了燕国十座城邑。燕乃强秦的女婿之邦，宣王怕惹怒秦国，在不久前已将十座城邑归还燕国，并与燕国交好。"

孙膑说："我听说宣王是看燕国有丧事、有内乱才发兵攻打燕国的？"

淳于髡说："正是。"

孙膑不再问什么，只一味地劝淳于髡吃菜喝酒。

淳于髡无心贪杯，想听听孙膑对齐、燕这场战争的看法。

孙膑心情沉重地说："宣王如此轻率地发动战争，恐怕齐国早晚要灭在燕人手中！"

淳于髡觉得孙膑此种说法严重了，便笑道："先生何不把这种忠告亲自说于宣王听？"

孙膑看出淳于先生死活要拽他回都城，就摇着头说："都城是个好地方，可那里不是我待的地方。我的家在这里，我有儿孙们陪着，有这些徒弟们前呼后拥着，每天摆阵、打仗，比在都城活得自在。闲暇时我种花养草。等吃完饭，我领你去看我和徒弟们摆的迷魂阵。"

吃完饭，孙膑在儿孙们的陪同下引淳于髡去参观他的得意之作。

所谓"迷魂阵"是孙膑率弟子们用土墙、用花草摆成的阴阳八卦阵，此阵易进不易出，进去似走进了迷宫，看似条条均为死路，可进去后天广地阔，条条都是活路。

孙膑率弟子们在这里已经演习过许多回了。

淳于先生被七弯八拐的阵势弄得昏头昏脑，好不容易才转出来，对孙膑说："真有您的，难怪威王派我去安邑接您，宣王又派我来鄄邑接您呐！"

孙膑指着迷魂阵四个角的几座土堆说："还不成熟，四周几个门还没修好。"

淳于先生依依不舍地说："了不起，了不起，这要是一座宫殿，敌人来了也不容易攻进去呀！"

孙膑正想说什么，只听孙子说："爷爷，我将来就在这里建宫殿，把这都盖上房子，让外人进不敢进，出不敢出。"

孩子稚气的话把众人都逗乐了，孙膑拍了拍孙子的头，忽然想起一个人，他问淳于髡道："怎么没听你提起田忌元帅？他怎么没让你给我捎话？难道你到这儿来，他不知道吗？"

淳于髡支吾道："您不是有荷花让我赏吗？"

孙膑预感到田忌出事了，便引淳于髡向西而去。

淳于髡果然看见一条河中花叶碧绿，荷花争艳，蜂蝶成群结伙地在花丛中飞上旋下，水中不时游过红色、黑色、白色的鲤鱼，水鸟尖叫着闪着身子从水面掠过。

多么美的一幅画！

淳于先生站在这幅画前，身后是青山绿树，面前是碧水红花，耳边是孙膑徒弟们课堂里朗朗的读书声……淳于先生此时才理解孙膑为什么不愿跟他回都城！

淳于先生说："我不再劝您跟我回去，您的家乡太美了！"

孙膑说："这里原来叫虎豹林，我想改名叫它孙花园，先生以为如何？"

淳于髡拍手称好，又说："我连先生的花园都看过了，如果先生没有别的事，我打算明天回去。"

孙膑说："能得到淳于先生的理解，我很欣慰，只是先生回到都

流芳百世

城一定代我问田忌将军好！"

淳于髡说："当然……当然……"他嗫嚅了几声，叹了口气又说："不过，田忌将军已听不到了。"

孙膑吃了一惊："怎么，将军失聪了吗？"

淳于髡说："不，将军千古了。"

田忌死了。这消息如惊雷炸响在孙膑耳边，炸响在孙膑心上。

"将军他是怎么死的？是死在齐攻燕的战场上吗？"

"不，不是。田忌将军自楚国回到临淄就天天盼望宣王能够召见他，能够再任他为将军。可是直到他死，宣王也没有召见他。"

孙膑垂下两行热泪，说："淳于先生回到都城，请代我去将军的坟前燃上三炷香，就说再不会有烦忧来打扰将军了，请他安息吧！"

第二天，淳于髡见孙膑正率领徒弟们演习攻城夺邑，就没有打扰他，悄悄地叫上随从们走了。

孙膑逝世

云涌星驰，急年流水。

孙膑每日除了教徒弟们领兵打仗，便领着孙子、孙女河前林后地游玩。但无论多劳累，多忙碌，他每天必挤出大段时间专心致志地伏在几案上，研究撰写他的兵法。

许多年过去了，他的兵法一字字一篇篇地被写在竹简上。

绝世奇才

孙膑

这一年的农历八月十八日，孙膑如往日一样早早就起来，由苏氏推着到月厌河边、虎豹林中散步。凉爽宜人的清风送来阵阵莲子的清香。

虎豹林中，初升的太阳透过浓密的树叶照进林中，给林子涂抹上红的、黄的、紫的光彩，孙膑的徒弟们正舞刀弄棒在晨练。远远近近回响着他们充满朝气的"嗨、嗨、嗨"的呼喝声，把个林子震荡得像一艘行驶在波涛中的大船，孙膑只看得心花怒放、眼晕神乱。

孙膑被苏氏推着拐进了他的"花园村"。迷魂阵里的土墙早被四时花草所替代，东门、西南门、东北门和西北门也早就由徒弟们从远处背来的青石垒砌而成，现在的景象才真正是名副其实的"孙花园"。

孙膑墓

苏氏问孙膑："兵法写完了吧？"

孙膑说："写完了，不过我还想润润色。文章总是越改越好嘛。"

苏氏非常钦佩丈夫的认真劲儿，说："每天看你写得很累，我就心痛。想劝你别写了，休息休息，可又怕打断你的思路，让你不高兴。现在好了，既已写完，你就好好休息几天，然后再润色也不迟呀！"

孙膑握了握苏氏推车的手说："好，今天我就听你的，不写什么兵法了，好好玩一天！"

到了中午，吃完饭，他倒真的把他的兵法给忘了。他坐在车中与长成青年的孙子对弈起来。

棋子黑白分明，围追堵截，包抄吞并，一会儿白子被黑子吃掉，一会儿黑子被白子围困……

孙膑眼前出现两军大战的场景，斗智斗勇，攻城略地，刀光剑影……

忽然，孙膑记起他的兵法中有一个地方用词不太准确，他想修改过来。

他转动轮椅车要进书房。

孙子说："爷爷，这棋还没下完啊！"

孙膑说："等我看一眼我的兵法就回来跟你下棋。"

孙膑回到书房，伏在桌几上便寻找那用词不当的地方。

苏氏不敢打扰丈夫，只在心里责怪他说话不算数，送去了新沏的热茶后，就悄悄地退出书房守在门口。

孙膑的兵法写成后有几十卷竹简书，要找到哪一处错处，还得费一番工夫。孙膑仔细想着应当在第几卷书中，查了一卷不是，又查了一卷还不是，他有些急躁。他把一卷卷兵法全铺在地上，一卷卷地查起来。

孙膑的兵法共写了八十九篇，图四卷，一篇篇地看下来，就觉出有许多地方应当润色，或添几笔，或减几笔。孙膑提笔蘸墨全身心地投入他的兵法之中。

天色渐渐黑下来，苏氏点上灯端进孙膑书房，却见丈夫伏案睡着了。

苏氏唤来儿孙打算把孙膑抬上炕去睡，却发现孙膑已悄然长逝。

这一天，是农历八月十八日，太阳落山的时候，孙膑逝世于孙花园家中。

一个伟大的军事理论家和军事指挥家走下了中国历史的舞台。

兵书传世

  孙膑在军事理论研究方面给后世留下了一部千古绝唱——《孙膑兵法》,此书汉代仍有流传,被称为《齐孙子》,以别于其先祖孙武的著作《孙子兵法》。可惜不知什么原因,这部兵法在东汉时就失传了,后人不知真相,还以为孙膑就是孙武,孙膑的兵法就是《孙子兵法》。这种张冠李戴的情况一直延续了上千年之久。

  古往今来,论兵者莫不首推孙武,尊其为"兵圣",其所著《孙子兵法》更有"百世兵经""兵学鼻祖"的美誉。至于他的后人孙膑的《孙膑兵法》,因失传过久,影响远远不及前者,在银雀山汉墓竹简出土之前,甚至还有人怀疑《孙膑兵法》的存在。

  其实,《孙膑兵法》不仅具有独特的价值,而且无论是在广度还是在深度上,对《孙子兵法》都有极大的丰富和发展。可以说,在中国军事思想史上,两者前后相继、相映生辉。也就是说,孙膑和孙武之间,《孙膑兵法》和《孙子兵法》之间,自古以来就存在着一种极为特殊的内在联系。

  遗憾的是,对《孙子兵法》的定型与传播做出如此重大贡献的孙膑,其兵学著作《孙膑兵法》却因种种原因在东汉以后就失传了。但人们并没有遗忘这位兵学大师。一方面,人们不断地考证和争论这部失传了的兵学经典,将其提出的一些兵学范畴作为重要命题加以探讨,并以其提出的用兵原则指导战争实践。另一方面，历代名将从孙膑"围魏救赵""减灶诱敌"的战争实践中学到了无穷的智慧。中国军事史上许多脍炙人口的以弱胜强、出奇制胜的战例，其中不少就活用或暗用了孙膑的思想。"围魏救赵"的战法还被后人收入《三十六计》之中，作为"胜战计"的第二计成为人们效法的典范。

1972年山东银雀山汉墓竹简出土后，学术界对孙膑和《孙膑兵法》的研究又掀起了一个高潮。军事、外交、政治、经济等领域的学者，不断从各个角度对《孙膑兵法》的精神内涵进行挖掘，从中汲取营养。《孙膑兵法》还走出了国门，受到各国军事理论界的重视。孙膑与孙武被人们尊为"兵圣两孙子"而誉满中外。

《孙膑兵法》盛传于世，为推进中国历史发展做出了不可磨灭的贡献。孙膑和《孙膑兵法》及孙膑创造和指挥的桂陵之战、马陵之战已经作为全人类的财富而盛传于全世界。

附 录

孙膑生平大事年表

孙膑生平大事年表

公元前 378 年，孙膑诞生。

公元前 360 年，离家拜鬼谷子为师。

公元前 357 年，下山到魏国，遭庞涓陷害。

公元前 355 年，被救回齐国。

公元前 353 年，实施围魏救赵，败庞涓于桂陵。

公元前 341 年，马陵之战，孙膑大败魏军。

公元前 302 年，孙膑逝世，终年七十二岁。